無理なく着実に才能を伸ばす！

脳に任せるかしこい子育て

作業療法士 菅原洋平
菅原未涼

すばる舎

はじめに

うちの娘は寝起きが悪い。

朝はぐずぐずしていてさっさと準備をしないし、「学校に遅れるよ！　早くしなさい！」と何度言っても、まるで効果がない。つい声を荒げてしまい、毎朝バトルになってしまう。

「なんでこの子は、こんなにだらしないんだろう？　なんで、言うことを聞いてくれないんだろう？」と、朝から憂うつな気分になる。

昨日は職場で、「最近、イライラしているみたいだけど大丈夫？」と声をかけられてしまった。いままで、感情がコントロールできずに周りの人に八つ当たりするヤツなんて、最悪だと思っていたのに、私自身がそんなふうになって、他人から心配されるなんて……。

「なんであの子のために、私までこんな目に遭わないといけないんだろう？　私が何をしたっていうの……」と、何もかもうまくいかない気がしてくる。

そんな娘が、あるひとつのことでガラリと変わった。夜は自分で眠る準備をして、早めに眠るし、朝は自分から起きてくる。

その「あるひとつのこと」とは、**入浴中に浴室の照明を消す**こと。

いつものように子どもと一緒にお風呂に入るときに、ただこれを試してみただけなのに、風呂上りにリビングに行った娘に、「ドライヤーするよ！」と声をかけると、

「は〜い」

と返事が聞こえて、娘が自分から洗面所にやってきたのだ。

……「はい」？ いま、「はい」って言った？ いつもならいくら呼んでもこないから、「早くしなさい！ 風邪引くでしょ！」と怒鳴るところなのに……。

その彼女はいま、自分で寝室の電気を消して、眠る準備をしている。

私がしたのは、ただ入浴中に浴室の電気のスイッチをパチっと消したことだけ。

いままで、何度も早く眠るように言ってきたし、怒鳴ったこともあるのに、何も変わらな

かった。なのにこの子は、いま自分で眠る準備をしている。

……いったい、何が起こったんだろう？

これは、小学生の女の子をお持ちのあるお母さんが、外来で私に話してくださったことです。勤めている職場で私の睡眠研修を受け、娘にも関係があるかもしれないと思って試してみた、その結果をお話しにきてくださったのです。

私たちの職業は、「**作業療法士**」というリハビリテーションの専門職です。

特に脳のリハビリテーションを専門にし、企業での産業事故を防ぐと同時に、生産性を向上させるために、脳の仕組みをもっと活用するためのアドバイスをする事業をしています。

その事業のいちばん基礎になるのが、「睡眠マネジメント研修」です。

どんな優秀な脳でも、寝不足でぼんやりしていては高い能力を発揮することはできません。仕事でも学業でも、自分の力をしっかりと発揮するには、シャキっと目覚めた脳をつくることが先決となります。

冒頭のエピソードに登場していただいたお母さんは、所属企業で、私たちの提供するこの研修を受けられた方でした。

心理学ではなく、生理学の視点から考えてみた

私たち自身、2人の子どもを持つ親です。

そのため、親として子どもに何をしてあげられるだろう、とよく考えます。

質の高い教育を受けさせるために、習い事に通わせようか？　いい学校に受かるように、塾に通わせようか？　――私たち親は、子どもの将来のために、彼らにいま何をしてあげるべきなのかを日々模索するものです。

また同時に、親の側からも子どもたちに対し、「もっと、こうしてくれたらいいのに」「将来のために、こういうところを変えてほしい」「才能を伸ばすために、もっとこういう力を身につけてほしい」といった、さまざまな希望を持っています。

私たち2人は職業柄、これまでさまざまな病院や企業で、多くの親御さんからそうした子育てに関する相談を受けてきました。その経験から、親が子どもに求めることは、大きく次の4つに分けられることがわかってきました。

1 聞き分けがよく、落ち着いた子になってほしい
2 運動が好きな、活動的な子になってほしい
3 集中力がある、かしこい子になってほしい
4 思いやりがある、やさしい子になってほしい

ということは、これらの希望を実現する形で、親が子どもにしてあげられることを考えれば、多くの親御さんの子育ての悩みを解消することができるのではないか、と考えました。

リハビリテーションの専門職という立場から考案した、「子どもの親だからこそできる科学的に正しい習慣」を実行してもらったら、多くの親御さんがもっと楽しく、育児にかかわれるのではないかと思い、実際に多くのお母さん（と少しのお父さん）にそれを試してもらったのです。

そして、**親がほんのちょっと習慣を変えるだけで、子どもたちの行動が実際に大きく変わる**のを目の当たりにしてきました。

リハビリテーションの専門職の立場から考案するというのは、**心理学ではなく生理学で考える**、ということです。先ほどの例では、お母さんは、娘さんが起きられない要因には「だらしない性格」

や「人の言うことを聞かない頑固さ」があると感じていました。またお母さん自身も、子どもに対してイラっとする感情をどうコントロールすればいいだろうか、と考えていました。

実は、これはどちらも心理学の視点で考えています。

しかし生理学の視点で考えてみると、話はいたってシンプルになるのです。

私が研修で、このお母さんにお伝えしたのは次のような内容です。

「子どもの脳は光感受性が高いので、夜に照明がついているだけで、眠るために必要なメラトニンという物質が出てきません。夜に照明をつけている環境は、子どもの脳にとっては『眠るな』と言っているようなものなんです。特に浴室は、頭の近くに照明があるので強い光を浴びてしまいます。

そこで、浴室の照明を消して、脱衣所の照明だけで入浴してみてください。

脳は、暗い状況をつくられるとメラトニンを分泌するので自然に眠くなります。この反応は、若ければ若いほどはっきり表れるはずです」

心理学的な考え方で、子どもの「だらしない性格」や「人の言うことを聞かない頑固さ」を直すことを考えていたお母さんは、いったんそれを忘れ、ただ「入浴時には浴室の電気をつける」という従来の習慣を変えてくれました。その結果、子どもの行動が劇的に変わったのです。

「早く寝なさい！」と怒鳴るより、はるかにラクで効果的な方法ではないでしょうか？

このように、普段の生活を生理学的に見直してみると、子どもの能力を伸ばせる可能性がある習慣やチャンスを、いたるところに見つけることができるのです。

脳の仕組みを知って、子どもにも伝えてあげよう

そして本書では、特に子どもたちの「脳」という内臓に注目していきます。

脳を知ろうとするとき、ふたつの方法が考えられます。

ひとつは、事故などで脳が損傷された事例を集めて、何ができなくなったのかを調べ、脳のどの部位が、どんな役割を持っているかを解明していく、という方法です。傷ついた脳が再生していく過程でも、どんな能力が復活していくかを調べることで、それぞれの脳の部位が担っている力が明らかになっていきます。

そしてもうひとつは、生まれてから成人になるまで、脳がどんな過程を経て成長していくのかを調べていく方法です。脳の成長過程がわかれば、それぞれの年齢ごとに、脳のどの部位の働きを引き出すようにすれば、将来のどの才能の開花に結びつくのかがわかってきます。

このふたつの視点から、子どもたちの脳という内臓を見ていくと、あることがわかります。それ

は、**一見不可解な行動のように見えても、その子の脳は必ず何かをしようとしていて、それを見抜いて対処すれば、高い能力を引き出すことができる**、ということです。

そして、この視点を持って子育てを考えてみると、私たち親が、子どもたちの将来のためにしてあげられることはとってもシンプルになります。

それは、**私たち自身が自分の脳のことを知り、その仕組みを子どもにも伝えてあげる**ことです。

そうすれば、その子は自分の脳をうまく活かす力を身につけることができます。これは一生、役に立つ力ですが、学校では習うことができません。親にしか実行できない、とても大切な仕事です。

親も子どもも、脳という内臓を持つものとして平等です。まずは親自らが学び、脳を観察する目を鍛えることで、子どもにも自分自身をコントロールする術《すべ》を習得させることができるでしょう。

――イライラ子育てにさようなら

そうして**生理学を使って子育てをしていくと**、先ほどのお母さんのように、**まず親がイライラしなくなります。**目の前の子どもの様子が、人体のどんな仕組みから起こっているのか、わかるようになるからです。

すると、**しだいに子ども自身も、自ら行動し、自ら成長するようになります。**

そして**親も子どもも、成長していくことが面白くなってきます。**

これが本書の目指すゴールです。

本書では、この目的を達成するために次の順番でお話をします。

第1章では、日常の何気ない場面を生理学的にひも解いてみます。

第2章と第3章では、子どもたちの脳を成長させるための基本を押さえましょう。脳の成長は、とにかく昼間にしっかり目覚めていなければ始まりません。そこで第2章では、睡眠を整える科学的な方法を、毎日の生活のなかに取り入れていくコツを紹介していきます。続く第3章では、脳を育てるための「5つの感覚」についてお話しし、子どもの脳では何が起こっているのかを、生理学的に見ていきます。

そして第4章以降は実践編として、聞き分けがよく落ち着いた子、運動が好きな活動的な子、集中力があるかしこい子、思いやりがあるやさしい子、それぞれの成長のために5つの感覚を活用する具体的な方法を紹介していきます。

子育てという人生最大のミッションに、育てる側も育てられる側も、お互いが「面白い」と思いながら取り組んでいけるように、本書をご活用いただけたらうれしいです。

菅原洋平、菅原未涼

目次

第3章 子どもの力を引き出す「5つの感覚」と伸ばし方

第4章 【実践編】「聞き分けがよく、落ち着いた子」を育てるためのエクササイズ12

第5章【実践編】「運動が好きな、活動的な子」を育てるためのエクササイズ17

第6章【実践編】「集中力がある、かしこい子」を育てるためのエクササイズ14

第7章 【実践編】「思いやりがある、やさしい子」を育てるためのエクササイズ13

第1章

子どもが親の思いどおりには行動してくれない「本当の理由」

子どもの行動を「生理学」で見るとどうなるか？

子どもの行動についてのよくある悩み、解決していきます！

本書では、子どもの行動を生理学的に見ることがテーマです。子どもを生理学的に見るということは、子どもの脳内で何が起こっているのかを知ることです。

こんなことを言うと仰々しく感じられて、面倒そうだな、と思うかもしれません。

しかし一度この見方を知れば、私たち親自身が得することがたくさんあります。

- 子どもの行動の意味がわかるので、イライラしなくなる
- 子どもの脳に最適な成長の仕方を見つけてあげられる
- 子どもの短所だと思っていたことが、長所に変わる

私たち親が子育てに悩むタイミングの多くは、子どもたちの行動が理解できないときです。そこでこの章では、よくある子どもの「なんで？」な場面を、生理学的に見てみることで、子どもの脳内をのぞく練習をしてみましょう。

なぜ、叱ると子どもはもっとやるんだろう？

「やめなさい」といくら言ってもやめない。むしろ、うるさく言うほど、まるで挑発するかのようにもっとやろうとする……。

親も、好きでガミガミ言っているわけではないのに、子どもはやめないし、自分もよりうるさく言うようになり、お互いにエスカレートしていく……。

こんなやりとりにはまり込むと、親の側も自分で自分をコントロールすることが難しくなってしまいます。

一般的な見方をすれば、「言うことを聞かない子」「頑固な子」ということになりがちな場面ですが、これを生理学的に見てみれば、**この場面はその子の性格とは何も関係がない**ことがわかります。

それは、単純に「**ドーパミン**」という物質の作用だからです。

○ やめられない、止まらない？

私たち人間の行動は、脳内の「**神経伝達物質**」に大きく影響を受けています。

神経伝達物質とは、神経から神経へと情報を伝える役割を担う物質です。

そのなかで、私たちの「やめられない」行動に深く関係しているのがドーパミンです。

ドーパミンは、何かの行動をして、新しい情報が脳に入ってくると分泌されます。

このとき、私たちは「おっ、何だこれ！」「面白そう！」と感じます。**ドーパミンには、分泌される前にとった行動を、もっとするように強化する作用がある**のです。

たとえば、子どもの手を引いて家電量販店に買い物に行けば、テレビ売り場で子どもが足を止め、テレビ画面をじっと見るでしょう。このとき、子どもの脳内では、画面から出るさまざまな新しい刺激に反応して、ドーパミンが盛んに分泌されます。そしてそのドーパミンの作用によって、「テレビ画面を見る」という行動が強化されます。

すると子どもは、脳から「画面を見続けるように」と命じられているので、画面から目が離せなくなります。たとえ親から「もう行くよ！」と叱られても、なかなか歩き出すことができなくなるのです。

このようにドーパミンが分泌前の行動を強化するのは、**分泌前にとった行動に対して、過剰に注意させる作用を持つ**からです。このドーパミンの作用こそが、子育てで、親が子どもにガミガミと言ってしまう場面をたくさん生み出す要因になっています。

たとえば、子どもがおもちゃで窓ガラスを叩いたとします。

ガラスが割れては困るので、親は「やめなさい！」と声をかけるでしょう。

すると子どもの脳では、これまでにない親の目新しい反応によってドーパミンが分泌されますから、ガラスを叩く行動に過剰に注意が向きます。そのために、窓ガラスを叩くという行動をいつまでも繰り返すのです。

このような場面を、「この子は人の嫌がることをするのが好きなんだ」とか、「どこまでやったら、私がキレるのかを試しているんだろう」などと考えると、子どもとの不毛な駆け引きが始まってしまいます。

親の子どもへの注意も過剰になっている

そして、脳の仕組みは親も同じなので、**実は私たち親の脳内でも同じことが起こっています。**

子どもがとった目新しい行動でドーパミンが分泌され、そこに過剰に注意が向けられて、子どもの次の行動に注目します。

口では「やめなさい！」と言っているのに、脳内では「やるぞやるぞ……ほらやった！」と、子どもが同じ行動を繰り返すのを待ち構えてしまいます。

この作用によって、子どもはやめない、親は怒鳴ることを繰り返して、表面的な対立がエスカレートしてしまうのです。

ちなみにこのドーパミンの作用は、子どもを叱るときだけではなく、褒めたときにも働きます。子どもたちが褒められた行動を繰り返そうとするのもまた、ドーパミンのしわざです。

▼こうすればうまく対処できる！

叱る場合でも褒める場合でも、お互いにその行動にこだわってしまうと、その過剰な怒りや期待から意識が離れなくなり、自分を責めたり、子育てに疲れてしまったりします。

しかしこれが、単なるドーパミンという脳内の物質の作用であり、「あぁ、いまこの子のやることがやたらと気になるのは、そのせいか」と理解できると、エスカレートしていく気持ちは「なんだ、そんなことか」とシューっと冷めていきます。

お互いの脳内で何が起こっているのかがわかれば、親御さんが子育て中に落ち込んだり、自分を責めたりするようなことが、ずっと少なくなるはずなのです。

なんで、肝心なときに「おしっこ」に行くの？

子どもをお店に連れていき、テキパキと行動しなければならないときに限って、子どもが「おしっこ〜」……。「なんで、先に行っておかないの？」と、タイミングの悪さにげんなりしてしまうことがありませんか？

「間が悪い子」「前もって準備ができない子」と思ってしまいがちですが、これも、ただの神経伝達物質の作用です。

子どもの脳からすれば、お店に行ってテキパキ行動するということは、いろいろなものを見て急激に情報量が増えるということです。

情報量が増えたときに、せわしなく動くのが眼球。

この**眼球運動が「おしっこ」と関係しているの**です。

眼球が物をとらえて、その映像を脳に送る——この眼球の動きが眼球運動であり、これには「**ア**

セチルコリン」という神経伝達物質が関係しています。

眼球を動かして新しい刺激を見つけるときには、脳内ではアセチルコリンが増えているのです。

○本屋さんでトイレに行きたくなる意外な理由

このアセチルコリンという物質は、排泄の指令を出すことにも関係しています。そのため、**眼球をきょろきょろと動かしていると、トイレに行きたくなります**。

みなさんも、本屋さんに行ったときに、トイレに行きたくなった経験がありませんか?

膨大な量のタイトルが並ぶ本棚を、きょろきょろと見ていることで、眼球運動が活発になりアセチルコリンがたくさん分泌されて、それによって排泄が促されるのです。

肝心なときに限って子どもがおしっこへ行くのも、こうした働きによるものです。

▼こうすればうまく対処できる!

子どものおしっこは間が悪いのではなく、情報量が急激に増えた場合の「よくある人体の反応」です。

騒がしい場所に子どもを連れて行くときや、たくさんの物を見る前には、前もってトイレに連れて行って排泄を済ませておくことで、あっさり解決します。

大事な話をしているのになんで居眠りするの？

授業参観や地域活動で離れたところから子どもを見ていると、「うちの子は、ちゃんと礼儀正しくしているだろうか」と、ついハラハラと観察してしまいますね。

そんなときに、自分の子どもがこっくりこっくりと居眠りをしていたり、あるいはあくびをしていたりすると、「なんてだらしない！」「先生に失礼な態度をとって……」とがっかりしてしまうものです。

これも、脳内の神経伝達物質のしわざです。大事な場面で子どもが眠くなってしまうのには、「**ノルアドレナリン**」という物質が関係しています。

このノルアドレナリンは、私たちの集中力に深くかかわっている物質です。

脳が集中するときには、ノルアドレナリンがたくさん分泌されます。

ノルアドレナリンの量が増えていくほどに集中力は高まるのですが、ただ増えればよいというわ

○ノルアドレナリンの分泌量と集中力の関係

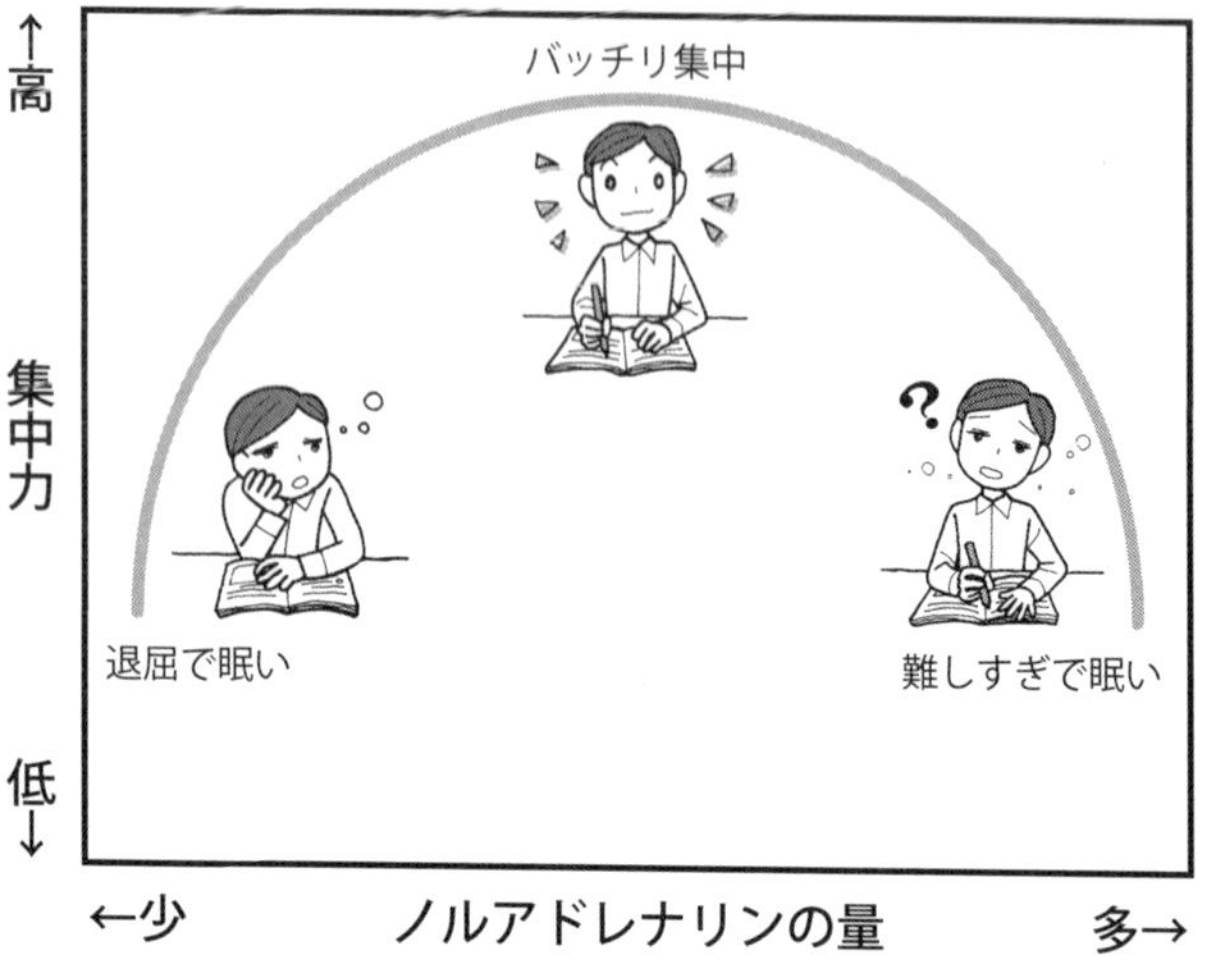

けではありません。**集中して理解しようとする内容が難しすぎると、ノルアドレナリンが増えすぎて、逆に眠くなって集中力が低下していく**、という作用も持っているからです。

私たちの脳は、ノルアドレナリンが少なすぎても、多すぎても眠くなってしまい、ちょうど半分くらいの分量のときにもっとも集中できる仕組みになっています（上図参照）。ちなみに、描かれる線の形から、このグラフを「集中力と眠気の逆U字曲線」と言います。

確かに私たち大人も、単調なスピーチを延々と聞かされても眠くなりますが、難しい用語で難しい話をされると、それもまた眠くなりますよね？

○──わからなすぎると、眠くなる

子どもが大事な場面でウトウトとしてしまうの

は、緊張感のなさや礼儀の問題ではなく、聞いている話の内容が「わからなすぎる」というだけの話です。

授業中に居眠りを頻繁にしてしまう子に、授業前の休み時間を使ってちょっとだけこれからの授業の内容を予習してもらうと、居眠りをしなくなる、という様子もよく観察されます。

脳にあらかじめ情報が届けられていれば「わからなすぎる話」ではなくなるので、結果的に居眠りをしなくなるということです。

▼こうすればうまく対応できる！

ということは、大事な場面で居眠りをしてしまう子には、**話の内容に少しでも事前に目をとおさせるようにすれば、ウトウトしたりあくびをしたりするのを防ぐことができる**でしょう。

ただ、それができない状況で子どもがそうした行動をしてしまったときには、**それを子どもの態度や心構えの問題として考えることはせず、単なるノルアドレナリンという脳内の物質の作用である、と考えてください。**

そうすれば、「話の内容が難しすぎて、眠くなっちゃったんだろうな。仕方ない」と理解でき、これまでよりずっと穏やかな気持ちで、子どもと接することができるはずです。

どうして、じっとしていられないのかな？

大人が大事な話をしているときに、子どもが顔や腕をポリポリかいて、ゴソゴソとする動きをやめられないこともあります。

先ほどと同じように、これも「緊張感のなさ」や「真剣に話を聞いていない」こととは無関係です。

子どもが大人の話を真剣に聞いているとき、彼らの脳内では、脳を目覚めさせる作用を持つ神経伝達物質が盛んに分泌されています。「**ヒスタミン**」という物質です。

ヒスタミン……どこかで聞いたことがありませんか?

おそらくそれは、「かゆみ止めの薬」の名前としてでしょう。

現在、主に使われているかゆみ止め薬は「抗ヒスタミン剤」です。そのため、かゆみ止めの薬の容器などに書いてある成分名を、目にしたことがある人が多いのではないかと思います。

「抗」ですから、かゆみを抑えるためにヒスタミンをブロックするわけです。ヒスタミンには、増えすぎると全身の敏感な場所をかゆく感じさせる作用があります。

子どもたちは、**真剣に話を聞こう、集中しようと緊張しているからこそ、体がかゆくなってしまい、ポリポリとかいてしまっていた**のです。

シューカツの大敵は睡眠不足？

大学生の就職活動で、彼らを面談する企業側の人たちは、このヒスタミンの働きを有効活用する場合があるそうです。

応募者が会話中に体をかいたりしていないか、見ていることが多いのです。

普段から生活リズムが乱れていて、睡眠不足になっている人は、脳が目覚めていないので日頃からヒスタミンの分泌量が少なく、面談などの極端に緊張する場面でヒスタミンが急速に分泌されます。すると、体がかゆくなって髪やまゆ、顔や手などをさわってゴソゴソとしてしまいます。

そうした仕草が特に多い人は、普段から生活が乱れがちになっていることがわかるので、その人の自己管理能力を判断する一助にする、ということです。

このエピソードからは、**普段からしっかりと睡眠をとれていれば、日頃から脳が目覚めているので、緊張したときにも、ヒスタミンが全身がかゆくて仕方なくなるほど急激に分泌されることはない**、ということもわかります。

親や先生などがまじめな話をするときに、子どもがいつも体をかいている、というのであれば、それは**単に、子どもが睡眠不足になっているせい**かもしれません。

▼こうすればうまく対処できる！

第2章で、睡眠を整える方法を詳しく解説しますから、それらを実践して睡眠不足を解消すれば、この問題はたいていい解決するでしょう。

また、真剣に話を聞いて集中しているからこそ、体をかいてしまっているのだと理解できれば、頭ごなしに「じっとして！」と子どもを怒鳴ることも、ずっと少なくなるはずです。

落ち着きなく歩き回るのはどうして？

親としては、子どもには活発に動いてほしい場面と、じっとしていてほしい場面があります。しかし、往々にしてまったく反対に行動されてしまうことがあります。特に、じっとしていてほしいときにウロウロと歩き回られると、「落ち着きがない子」だと思ってしまう方が多いようです。

「子どもがウロウロと歩き回っているとき、脳内では「**セロトニン**」という物質が増えています。この物質の名前は、もしかしたらうつ病の治療薬に関係する物質として聞いたことがあるかもしれません。脳を適度に目覚めさせて、急な出来事が起こってもびっくりしないようにしてくれる物質です。

このセロトニンは、その分泌のされ方にちょっとした特徴があります。

それは、**リズムのある運動によって分泌される**、というものです。

リズムのある運動とは、同じテンポを刻む運動のことで、その速さは1分間に120～135拍程度です。

私たちは、ちょうどこのテンポくらいのリズム運動をよくしています。それが**歩行**であり、**食事中の噛む動作**や**貧乏ゆすり**、**ボールペンをカチカチ鳴らす動作**などです。

脳は、体がこのテンポで動いているときにセロトニンを分泌させますが、逆にセロトニンが足りていないときには、その量を補おうとして体に速いテンポの動きを命じます。子どもがウロウロと歩き回るのは、こうした脳の指令にしたがっているときです。

子どものそうした姿を見ると、つい「落ち着きがない！」と感じてしまうものですが、その子の脳内では、逆に自分を「落ち着かせるため」に、ウロウロと歩く指令が出されていることを理解してあげましょう。

▼**こうすればうまく対処できる！**

セロトニンが足りなくなってから脳が急いで補おうとしても、実際には、すぐには満たされない場合が多いです。貧乏ゆすりをしたり、ボールペンをカチカチ鳴らしたりしたところで、すぐに心に余裕が持てるようになるわけではありません。

普段から、セロトニンがしっかり分泌されるようによく歩いたり、毎食しっかり噛んで食べるようにしたりすることが、この行動を解消するためには大切になります。

なんで、眠る前にお菓子を食べようとする⁉

むし歯ケアのためにも、太らないためにも、眠る前にお菓子や甘いジュースを飲むのはやめてほしいもの。ところが、子どもは眠る前に限って、隠れてお菓子を食べようとすることがあります。

そんな場面を目にすると、一瞬自分の姿と重なってゾッとする、なんてこともあるかもしれません。

眠る前にお菓子を食べたとき、私たちは罪悪感を抱きつつも、またその行動を繰り返してしまいます。これは、先ほど説明したドーパミンの作用によって、お菓子に過剰に注意が向けられていることが一因です。

それに加えて、根本的に食べたくなってしまう作用を引き起こす「**オレキシン**」という物質が関係しています。

この物質の名前はあまり聞き慣れないと思います。**オレキシンは脳を目覚めさせる物質**であり、逆に言うと、**オレキシンの働きが弱まると、起きていることがつらくなり眠くなります**。

さて、夜の早い時間の「まだ寝る時間ではない」ときに眠くなり、それをやりすごすと、眠気がとおりすぎてしまい、逆に目が覚めてくる、ということがありませんか?

これは、脳内ではオレキシンが減ってきて、眠くなっているのに眠るための行動をしないので、オレキシンが減り切らずに維持されている状態です。そして、眠気をとおり越したあとに起こるのが、「何か食べたい」という衝動です。

オレキシンは食欲と強く関係しています。本来の働きは、満腹になるとオレキシンが減って眠くなり、食事にありつけずにいるときには集中力を保って、食料を探しに出られるように覚醒を維持する、という生命維持のための作用です。

しかし、眠いのに夜ふかしするというあべこべの行動をとると、この生命維持の作用が望まない結果を生み出します。**食料を探すために覚醒を維持する**のです。

この働きによって、眠る前にアイスクリームやらチョコレートやらを食べたくなるのです。**眠る前の食欲は、脳が眠ろうとしたタイミングと、自分の就寝時間とのミスマッチによるもの**なのです。

▼こうすればうまく対処できる!

これはつまり、子どもが眠る前にいつもお菓子を食べてしまう場合には、連日の就寝時刻が遅くなっているのかもしれない、ということです。そのため、**第2章でお話しする方法で睡眠を整えれば解消できます。**

あなた自身も、イライラの原因を見つめ直そう

○──親の気持ちの変化も、脳内の物質によって自動的に起こっている

いかがでしたか？　子どもの脳内の世界を神経伝達物質をとおしてのぞいてみると、何も不思議なことは起こっていない、ということがおわかりいただけると思います。

子どもが親の言うことを聞いてくれない、と思っても、子どもたちの脳内ではその逆で、**むしろ私たち親の希望に沿おうとしたために、そのような反応を見せている、ということが多い**のです。

そして、**私たち親の脳についても同じ視点で考えてみると、自分自身に対する見方が変わります。**

たとえば、育児では子どものやることにイライラする場面がたくさんあると思いますが、そんなとき、私たちの脳内や体内で生理学的にはどんなことが起こっているのかを知っていれば、イライラした気持ちに飲み込まれてしまうのを防ぐことができます。

私たちがイライラしてしまう過程を、細かく調べた実験があります。

健康な人に、単純な計算問題を、速く、正確に解く課題に取り組ませる、というものです。

この課題に取り組んだ人では、まず最初に血液中の「**アドレナリン**」の濃度が高くなりました。

そして課題が長時間に及ぶと、アドレナリンに加えてノルアドレナリンも濃度が高くなります。さらにそこへ、集中を邪魔するような声かけや騒音が加えられると、「**グルココルチコイド**」という物質の濃度も上昇しました。

最初に出てきたアドレナリンは、気分を高める神経伝達物質です。被験者が「よし！　やるぞ」と気合いを入れていることがわかります。

次に出てきたノルアドレナリンは、前述したように集中力に関係する物資で、作業に伴う疲労によって分泌量が増えたものです。つまり、集中力を維持したために、疲れてイライラしてきています。

そして、最後に出てきたグルココルチコイドは、脳がイライラを感じているときに増える物質です。この物質は本来、免疫力に関係するもので、体の外からウイルスが侵入したときなどに、それを駆除するための作用を持っています。ウイルスの侵入といった物理的なストレスだけではなく、精神的なストレスによっても分泌され、ストレスを解消しようとする作用があります。

これを踏まえて、あなたが食事をつくっていたり、自分が話したいことを話していたりするときに、子どもが大声で歌い出したり、あなたの話をさえぎるように話しかけてきたりした状態を考えてみましょう。

自分のしたいことをしているときというのは、アドレナリンが出ている状態です。

そこに、子どもの歌や声かけで集中を邪魔され、その刺激でイライラが起こり、ノルアドレナリンが上昇します。

そして、そのイライラを鎮めるためにグルココルチコイドが分泌されます。

ひととおりこの反応が起こって、子どもに「うるさい！」と怒鳴ってから、ハッと我に返って「また怒鳴ってしまった……」と自己嫌悪に陥る。子どもはびっくりして泣き出す――これでは、自分も子どもも疲れてしまいます。

そもそも、子どもたちは積極的に邪魔しようとしているわけではないので、たとえ怒鳴られても、なぜ怒られたのかがよくわからないままです。

○――ふたつのポイントを意識するだけでも、イライラが格段に減る！

脳内や体内での生理的な反応によって、イライラした気持ちが自動的に生じていることを理解し、**仮にそうした気持ちになったときにも、「これは、生理的な反応だな」と冷静に自分を振り返ることができると、子育てはずいぶんラクに、楽しくなるのではないか**と私たちは考えています。

子どもの声をうるさく感じたときには、ぜひ次のふたつのことを考えてみてください。

ひとつには、**自分自身が睡眠不足ではないか**、と考えてみること。

セロトニンやノルアドレナリンなど、脳を目覚めさせる物質が睡眠不足で少なくなっているのに、無理やり増やして脳を目覚めさせようとしているところに、子どもによる刺激で邪魔が入ったので、一層うるさく感じているのではないか、と考えてみましょう。

もうひとつは、**一度にいくつものことをするマルチタスクになっていないか**、ということです。

マルチタスクでは、同時に複数の対象に注意を払っているので、シングルタスクの場合より集中力を維持することが難しくなり、集中力を邪魔されることに対してイライラしやすいからです。

この場合のマルチタスクとは、つけっぱなしのテレビや、常に手にしているスマホなども当てはまります。家事をするときにその時間を有効活用しようとテレビをつけたり、音楽をかけたりすることで、脳はマルチタスクを要求され、それをこなす集中力の維持を邪魔する子どもにイラだってしまうのです。

イライラした気持ちに気づいたときには、このふたつを意識して改善するだけで、たいてい格段に気分がラクになります。自分や子どもの脳の仕組みや、行動の変化に正面から向き合うためにも、このふたつの振り返りを、まずは心がけることから始めてみてください。

第2章

まずはぐっすり眠って脳を目覚めさせよう！

子どもの寝不足解消で、「最高の朝」が日常になる？

脳の劇的成長の前提条件は「質の高い眠り」

生理学の視点で子どもたちを観察したら、普段の生活における何気ない一場面を「彼らの脳を成長させるチャンス」へと変えられる可能性がある、ということをわかっていただけたでしょうか？

ただ、子育てで何か特別なことをするのは、ただでさえ忙しい毎日の生活に、さらにやらなければならないことを増やすことになり大変です。私たち親の負担を減らすためにも、**いつもの習慣をほんの少し変えるだけで、グングンと子どもの脳が成長できる方法**を考えていきましょう。

その第一歩が、「毎日の睡眠」を改善すること。

子どもに限らず、脳の成長のために誰もが毎日必ず行っているのが睡眠です。この**睡眠がうまくとれていないと、そもそも脳が覚醒しないので、子どもたちの脳を効率的に成長させることが難しくなります**。

まずは睡眠の力をフル活用する方法を知り、「毎晩の睡眠」を、「**最高の子育てを実現するための脳のメンテナンス&準備段階**」へと変えていきましょう。

○朝から心穏やかに？

それができれば、子どもたちの朝の行動もガラリと変わります。

なんと忙しい朝に、**あなたの子どもがニコニコしながら、自分から起きてきてくれるようになります。怒鳴らなくても自分で忘れ物がないか確認し、園や学校へ向かう準備を始めます。**

これほど素敵な「1日の始まり方」はないと思いませんか？

毎朝、子どもを叩き起こして準備に追い立てるのに、私たちは膨大なエネルギーを費やしています。そのエネルギーを、日中の生活や仕事、趣味などに振り分けられるようになれたら、どんなにいいでしょう？

「毎朝スッキリ起きられる子に育てる」と言うと難しそうですが、「毎朝スッキリ起きられる脳をつくる」ことならばできます。**その子の性格ややる気とは無関係に、単純に脳の仕組みにしたがって、起きられるように仕向けていけばよい**だけだからです。

そしてそれは、睡眠についての私たちの誤解を正し、質の高い睡眠をとる方法を身につけていくことで、自然と実現できるのです。

この章では、子どもたちの脳を育てていくための前提条件となる、そうした正しい睡眠の技術を紹介していきます。

眠りに対する誤解に気づく

ほかの先進国では常識なのに……

そもそも私たちは、子どもの頃から「正しい眠り方」を習った経験がありません。

● 朝、なかなか起きられないときにはどうすればいい？
● 夜、寝つけないときにはどうすればよいのか？
etc…

睡眠は毎日行うことであり、よく眠れていないと1日が充実しないことは誰でもわかっているのに、どうすればうまく眠れるのかをまったく習っていないのです。

実は**先進国のなかでは、正しい眠り方を習っていないのは日本人だけ**だと言われています。日本の医学部に「睡眠科」がなかったことが原因で、睡眠について教育できる人材が育たなかったのです。

私は普段、さまざまな企業で研修をしているのですが、外資系の企業で研修をすると、睡眠に関する基礎知識のあまりの違いに、軽いショックを受けることがあります。外資系企業に勤務する外国籍の方たちは、これからお話しする「夕方は眠ってはいけない」ということや、「ベッドで眠りを待ってはいけない」ことなどを、ある程度、知識としてすでに持っているからです。

彼らに、そうした知識をどこで習ったのかと聞くと、「小さい頃に家族に言われた」とか、「学校の授業で習った」などと答えます。質の高い睡眠をとる技術を、自然に習得できる環境があるようです。

これは、**ビジネスパーソンとしての能力にも大きな差をつくります**。

同じハードな仕事をしていても、眠る技術を習得している人はうまく体調を管理し、高いパフォーマンスを発揮し続けることができますが、眠る技術を習得していない人は誤った方法で体調を管理するので心身の不調をきたしがちで、安定的に高いパフォーマンスを発揮することができません。

さまざまな国際的な比較で、日本人は仕事の生産性が低いとされてしまうのには、こんなところにも理由があるのかもしれません。

○――一生、朝寝坊しにくくしてあげよう

私たち親が考えたいことは、**将来、子どもが社会に出て活躍するとき、本当に必要とされる能力を子どものうちに身につけさせること**です。

それは、学校教育のなかでは「保健体育」に該当する事柄です。

どんなに学力や身体能力に優れていても、体を壊してしまえば何もできません。自分の脳や体の

使い方を知ることが重要なのです。それは、私の外来に相談にくる人に、高学歴・高収入の人たちが多いことが物語っています。彼らは口をそろえて言います。「こういうことを、子どもの頃から知っていればよかった」と。

自分のやりたいことにしっかりと力を発揮できる人になるためにも、どうやって自分の生活リズムをつくっていけばよいのか、それを技術として習得することがもっとも重要と言えるでしょう。

ちなみに、睡眠に関して習うことがない子どもたちは、私たちの些細なひと言からその知識を得ています。眠れなくてグズっている子に、「目を閉じて横になっていれば、いずれ眠れるから」と声をかける――こんな場面がありませんか?

のちほど詳しく説明しますが、実は**眠れないのにベッドのなかにいるのは、不眠症の原因となるために極力避けなければならないこと**です。

不眠症の患者さんは、眠気を感じていないうちからベッドに横になって眠りを待とうとします。なぜそんなことをするのかと聞くと、もっとも多い理由が「小さい頃から、目を閉じて横になっていればよいと言われてきたから」という答えです。

そういう方たちは、親から言われた些細な言葉から、誤った判断基準をつくってしまったのです。眠れなくなったのは、ある意味で「親のせい」なのですが、その親も自分の親(つまり祖父母)に

睡眠に関する認識チェックシート		まったくそう思わない	思わない	ときにはそう思う	思う	強くそう思う
1	眠れなくても寝床に横になっていたほうがよい	0	1	2	3	4
2	眠れないのは悩みごとや性格のせいだ	0	1	2	3	4
3	睡眠時間は30分や1時間の単位で考える	0	1	2	3	4
4	規則正しい生活のためには就寝時間を揃えるのが大事	0	1	2	3	4
合計						点

同じように言われたために、そのような声かけをしてしまったのです。自分も、親として同じことを子どもにしかねませんし、すでにしてしまっているかもしれません。

誰が悪いわけでもありません。**自分の代で悪い習慣を断ち切り、子どもたちには正しい睡眠の技術を身につけてもらう**ために、ここで、睡眠に関するよくある誤解に気づき、どこが間違っていたのかを学んでいきましょう。

そして、私たち親が本来とるべき行動を理解してください。

いま現在の認識を確認する

まずは、普段自分が睡眠に関してどんな認識を持っているのか、上のチェックシートを使って確認してみましょう。合計で、何点になりましたか?

実は、睡眠についての正しい理解を持っていると、このチェックシートの合計点数は0点になります。チェックシートに書かれていることはすべて間違い、「睡眠についてのよくある誤解」なのです。

ひとつずつ、どこが間違いなのか、どうしてそのような認識を持ってはいけないのかを確認していきます。

よくある間違い①

眠れなくても寝床に横になっていたほうがよい

私たちの脳には、**「場所」と「行為」をセットで記憶する**、という特徴があります。

ある場所で何かをすると、その場所と、そこでしたことをセットで記憶しておき、また同じ場所に行こうとしたときに、あらかじめ前に使ったのと同じ脳の部位を働かせて、以前と同じ作業をスムースにできるよう準備しています。

この脳の働きを「**フィードフォワード**」と言い、この働きのおかげで、私たちは日々の行動を効率よく切り替えることができています。

しかし、眠れないときに寝床に横になり続けてしまうと、この働きが悪い方向に作用してしまいます。**寝床という「場所」と、眠らずに起きているという「行為」を脳がセットで記憶してしまい、次に寝床に向かうときにも脳が同じように反応しようとするので、その寝床での寝つきが悪くなってしまう**のです。

たとえば、あなたはベッドや布団で、子どもに本の読み聞かせをしたことはありませんか？

実はこれも、できれば避けたほうがよい習慣です。ベッドや布団で読み聞かせをすることで、脳が寝床という場所と、目を覚ましたまま本の内容を楽しむという行為をセットで覚えてしまうので、次から、寝床で寝つきにくくなってしまうからです。

読み聞かせ自体は子どもの脳にとって、とてもよい行為です。しかし、そもそもベッドや布団は読書するための場所ではなく、睡眠という作業をするための場所だ、ということを理解しましょう。

読み聞かせはリビングのソファーなどで行い、子どもが眠くなってきたら一緒に寝床に入る。

――いつもの習慣をこのように少しだけ変えてあげると、子どもの脳は寝床という場所と、眠るという行為をセットで記憶し、次からはスムースに就寝する準備ができます。

また、私たちの脳は、**眠れない時間が15分続くと、たいていその後1時間くらいは眠れない**仕組みにもなっています。

人間は大脳が大きすぎるので、寝つくのに10分ほど時間がかかり、その10分のうちに寝つくのに失敗すると、今度は逆に、目覚める方向への働きに変わってしまうのです。

このとき、「眠れなくても、寝床に横になっていればそのうち眠れるだろう」と考える人が多いのですが、これは間違い。目が覚めたあと、再び眠気がやってくるまでにはしばらく時間がかかりますし、その間に先ほど述べたフィードフォワードの働きを、悪い方向へと強化してしまいます。

そうではなく、**眠れないと思ったら思い切ってベッドを出て、本を読んだり、家族とちょっとした話をするなどしてすごし、眠くなったら再びベッドに入るようにする**、というのが脳の仕組み的には正解です。そのほうが、結局は早く寝つくことができます。

自分自身も眠くて仕方ないのに、子どもに付き合って一緒にベッドを出るというのは、少々つらいことだとは思います。

しかし、それが頻繁に必要なのは最初のうちだけです。しばらくすれば、フィードフォワードの働きがよい方向に強化され、子どももスムースに寝つけるようになります。そうすれば、週に何度も、親が子どもに付き合ってベッドから出なければならない、ということはなくなるはずです。

私たち親は、つい子どもを寝かしつけることばかりに目を向けがちですが、**自分の力でスムース**

に寝つける脳をつくってあげる、という視点も持つようにしましょう。最初はちょっと面倒ですが、将来のため、と思って実行してみてください。

しだいに自分で眠気に気づき、自分で寝床に入って、すぐに寝つける子へと変わっていってくれるはずです。結果、朝にも自分から起きてくるようになる、というわけです。

よくある間違い②

眠れないのは悩み事や性格のせいだ

子どもから「眠れない……」と相談されたとき、あなたはどのように答えていますか？

「何か悩みでもあるの？」と答えているとしたら、あなたのその反応こそが、眠れない子をつくる原因になっている危険性があります。

睡眠は、生理現象です。

それなのに、「眠れない」という生理現象の相談を、「悩みがあるの？」と心理現象にすり替えてしまうと、見当違いの方向への解決策ばかり模索するようになって、眠りの問題が一向に解決しなくなります。

眠れないのは心理の問題ではないということを、よくよく理解しましょう。

原因を心理に求めず、より科学的な解決策、つまりは脳や人体の仕組みに基づいた、生理学的なアプローチを試してみる、という考え方に変えることを強くお勧めします。

よくある間違い③
睡眠時間を30分や1時間の単位で考える

「お子さんの普段の睡眠時間は何時間くらいですか？」と、地域や学校の健康診断などで聞かれることがあると思います。

このとき、たとえば「7時間です」と回答して、保健師に「ちょっと短いですね」と言われたら、「でも、子どもだって習い事や勉強で忙しいんだから、8時間の睡眠を確保するのなんて無理！」と思ってしまう――こんなことはありませんか？

私たちは、つい睡眠時間を1時間単位で考えてしまいます。それより短い単位となると、30分単位です。

しかしこの考え方は、脳の仕組みからするとちょっと不自然です。

脳には、目覚めている限り睡眠物質が溜まっていきます。そしてそれが充満すると、ある時点で分解が始まります。この分解が睡眠です。

そして睡眠物質を分解し終えると、自然に目が覚めて、また次の睡眠物質が溜まっていきます。睡眠物質を溜めて、分解する。この繰り返しこそが、起きて、眠っての繰り返しです。**ずっと連続しているプロセスなので、それを1時間や30分の単位で区切ることはできません**し、もっと言えばその繰り返しのプロセスを1日単位で切り取ってどうこう言う、というのも妙な話なのです。

こうした仕組みから、医学的には1日の睡眠時間よりも、1週間～1か月のあいだにどれくらい眠ったか、という「**累積睡眠量**」のほうを重視します。

たとえば1日15分だけ早寝をしたとしても、それを1か月継続すれば、1か月のあいだに7・5時間（15分×30日＝450分＝7・5時間）は余分に眠ったことになる、という考え方です。

睡眠時間を30分や1時間単位で考えてしまうと、9時に眠れなかったときに、「9時30分には眠ろう」と考えてしまう人がとても多いのですが、それは普段の習慣からついそう思ってしまうだけで、別に9時5分や10分に眠ってもよいのです。

そうした数分の違いでも、習慣として定着すれば、1週間や1か月といった期間で見ればそれなりの睡眠時間になる、ということを理解しましょう。

よくある間違い④

規則正しい生活のためには就寝時間を揃えるのが大事

これがいちばん多い誤解かもしれません。

なにしろ私たちは、小さい頃から「早寝・早起きをしよう」と、早寝のほうが前にくる言い回しで習っているので、規則正しい生活と言われると、真っ先に「早寝をして、就寝時間を揃える」ことを考える人がとても多いのです。

しかし、この誤解も寝つきを悪くする原因になります。

私たちの脳は、**目を覚まして光の刺激が目の網膜から届けられてから、子どもならその14時間後、成人なら16時間後に眠くなる**、という仕組みになっています。

子どもの場合で考えると、朝の7時に光を浴びれば、14時間後の夜の21時（午後9時）に眠くな

ります し、寝坊して朝の9時に光を浴びれば、14時間後の夜の23時（午後11時）までは眠くならない、という計算です。

つまり、**まず早起きをしなければ、夜の早い時間には眠くならないので、そもそも早寝はできない**、という仕組みなのです。

子どもが休日の朝に午前10時まで眠っていたら、10時の14時間後は夜中の0時です。次にこの子が眠れる時間は、夜中の0時になってしまった、ということです。

ここで、たとえ本人が「明日は学校があるから早寝をしよう」と思い、いつもと同じ時間に寝床に入ったとしてもなかなか寝つけず、結局、翌日は寝不足状態になる、というのは当然の結果なのです。

規則正しい生活をつくるには、就寝時間を揃えるのではなく、平日と休日の起床時間を揃えるほうが効果的です。

規則正しい生活のための言い回しも、そろそろ「早寝・早起き」ではなく、「早起き・早寝」へと順番を替えたほうがいいのかもしれませんね。

眠りを記録するだけでも問題が解決することがある

おととい、何時間眠りましたか？

睡眠についてのよくある誤解を解消したところで、いよいよ、子どもたちの眠りを改善するための「手軽な方法」をいくつか紹介していきましょう。

最初にお伝えするのは、**睡眠を記録してみる**、という方法です。

実は**私たち人間は、おとといの睡眠を思い出すことができません**。おととい何時に起きて、何時に眠ったのか、正確に答えられる人はほとんどいません。

それなのに、「最近、眠れていますか？」と質問されると、「全然眠れていません」とか、「一睡もできていない」などと答えることがあります。

これは、必ずしも事実ではありません。

たとえ本人は全然眠れていないと感じているとしても、そもそも正確には覚えていないのです。

睡眠の記録をつけてみると、ある程度の時間は眠っていたり、昼間に気づかないうちに意識が遠のいていたりする、ということがよくあります。

正確には思い出せない睡眠についての記憶を、感覚や推測で言葉にすることで、「まったく眠れていないのかも」と自分で自分を焦らせてしまい、眠れなくなる日が増えていく、というのが不眠症のひとつのメカニズムです。

みなさんのお子さんが、もし毎日うまく眠れない状態にあるのであれば、こうしたメカニズムにはまってしまっている可能性があります。

○――レコーディングダイエットと同じ理屈

こうした不眠症へと陥っていくメカニズムを途中で止め、日々の眠りを改善するには、睡眠の記録をとることが欠かせません。

先ほども述べたように、睡眠は生理現象です。そして**生理現象には、記録をとって見える化することで安定する**、という面白い特徴があります。

血圧が高い人が毎日血圧を測っていると、血圧が下がってくることがあります。また、レコーディングダイエットとして体重を記録していると、ほかには何もしていなくても実際に体重が減ってくることがあります。これらは、そうした生理現象の特徴を利用した問題への対処法です。

そして睡眠も生理現象なので、**睡眠記録表などを使って記録をとることで、問題が改善することが多い**のです。

子どもの場合には、まずは親が一緒に記録をすることから始めましょう。

小学生以上ならば自分で記録することもできますが、さまざまな気づきもありますので、少なくとも最初は、子どもだけに記録させるのではなく親も一緒に記録してみることをお勧めします。

睡眠を記録するための用紙にはさまざまなものがありますが、ここでは、私たちが作成した睡眠記録シート「**neru note**」を使った記録法を紹介しましょう（左図参照）。

のちほどお話ししますが、睡眠は2週間単位で変化します。このシートは、1ページに2週間分記録できるようになっていて、睡眠の変化が把握しやすくつくられています。

以下のURLから無料のトライアル版をダウンロードすることもできます。

▽ **http://nerunote.com/trialsheet/**

〔**基本的な使い方**〕

1日の24時間のうち、眠っていた時間は黒く塗りつぶし、目を覚ましたままベッドや布団に入っていた時間には矢印を引きます。また、眠気を感じていた時間帯には斜線を引きましょう。

neru note™ トライアルシート

起きる時間は前後1時間程度の差で。　　夕方はなるべく寝ないで。

date		・ 21 ・ ・ 0 ・ ・ 3 ・（・ 6 ・ ・）9 ・ ・ 12 ・ ・ 15（・ ・ 18 ・）・	memo
／	日		
／	月		
／	火		
／	水		
／	木		
／	金		
／	土		

date		・ 21 ・ ・ 0 ・ ・ 3 ・ ・ 6 ・ ・ 9 ・ ・ 12 ・ ・ 15 ・ ・ 18 ・ ・	memo
／	日		
／	月		
／	火		
／	水		
／	木		
／	金		
／	土		

夕方眠ってしまうときは、昼過ぎに寝ておきましょう。

date		・ 21 ・ ・ 0 ・ ・ 3 ・ ・ 6 ・ ・ 9 ・ ・（12 ・ ・ 15）・ ・ 18 ・ ・	memo
／	日		
／	月		
／	火		
／	水		
／	木		
／	金		
／	土		

date		・ 21 ・ ・ 0 ・ ・ 3 ・ ・ 6 ・ ・ 9 ・ ・ 12 ・ ・ 15 ・ ・ 18 ・ ・	memo
／	日		
／	月		
／	火		
／	水		
／	木		
／	金		
／	土		

neru note™ Project 　nerunote.com

〔**記録時の注意点**〕

睡眠の記録をするときには、次の3つのポイントに注意してください。

ひとつ目は、**朝に起きたときにすぐ記録すること**。

先ほどもお話ししたように、私たちはおとといの睡眠は思い出せません。さらに、その日の睡眠についても、毎日のことですから意識していないとすぐに忘れてしまいます。

夜に記録しようとすると、その日の睡眠について思い出せないこともよくあるので、朝、起きたらすぐに記録をつけるようにしましょう。

ふたつ目は、**手で書くこと**。

スマホのスケジュールアプリや、手帳に睡眠時間数を記録したのでは、睡眠はうまく可視化されません。上記の記録方法で、自分の手でマス目を塗りつぶしていく作業をとおしたほうが、より効果的に自分の睡眠を見える化できます。

3つ目が、これがいちばん大事なのですが、**適当に書くこと**です。

記録をとろうとすると、どうしてもそれを提出物か何かだと思って、正確に記録することを必要以上に意識してしまう人がいます。

しかし睡眠の記録では、正確さよりも、正しい「睡眠感」を鍛えることが重要です。そのため、ある程度適当な気持ちで取り組んでいただければそれでOKなのです。時計で睡眠時間を測ったりするようなことは必要ないので、あくまで感覚で、「たぶん○時くらい」とゆる〜く取り組んでみてください。

こうしてしばらく睡眠の記録をつけていくと、自分は「全然眠れていない」と思っているのに、実は結構眠れていたり、反対に「まったく眠りに困っていない」と思っていても、慢性的な睡眠不足に陥っていたりすることがあります。

睡眠は主観と客観にギャップがあることが多く、記録をつけることで、そのギャップを埋めることができるのです。

ちなみに、この主観と客観のギャップの大きさは、医学的に、メンタルに不調をきたしているかどうかを示すサインとしても受け止められています。主観と客観のギャップが大きいほど、イライラしやすくなったり、やる気がなくなってしまったりするからです。

ところが、記録をつけて自分の睡眠を感覚的に把握できてくると、このギャップが小さくなります。すると、メンタルの不調も改善しやすくなる、というわけです。

「時差ボケ解消ゲーム」で不登校が解消

睡眠の記録を、眠りに関連した問題解決に上手に利用した例を紹介します。

中学生のAくんは、朝起きられずに夕方まで眠り、夜起きて活動する、いわゆる**「昼夜逆転」**の生活になっていました。眠くて昼間は起きられず、学校に行くこともできないので、不登校の生徒として扱われていました。

そのAくんの不登校を直そうと、学校側と親が何度も話し合いましたが、学業の成績が悪いためではないかとか、友だちとの関係が悪いためではないかとか、親の経済状態がかんばしくないためではないかなどと原因探しになるだけで、なかなか解決しませんでした。

そんなとき、私がその中学校で、睡眠についての授業をさせていただく機会があったのです。

その授業で、私はこの章で述べたようなことを説明しました。すると、睡眠は生理現象なので記録をつけることで改善する、ということを知ったAくんの担任の先生が、ある作戦を思いついたのです。

それは、Aくんに**いまの睡眠のリズムを記録してもらい、それを世界地図に当てはめると、Aくんの「時差ボケ」を解消していこう**、という作戦でした。

まずは実際に睡眠の記録をつけてみてもらうと、Aくんは毎日、17時頃にようやく起きて活動を始めていることがわかりました。同年代のほかの子たちは、6時起きの生活をしています。その時差は約12時間です。

そこで、これを世界地図に当てはめると、日本から12時間の時差があるブラジルのサンパウロあたりにいる人と同じリズムで、Aくんは生活していることになります。

担任の先生は、Aくんに世界地図を見せながら、「Aくんはいま、ブラジルの人たちと同じ時間で生活しているんだよ。これを、日本の時間に少しずつ合わせてみようよ」と話したそうです。

そして、記録をとることで睡眠の問題が改善することが多い、ということも伝えました。

Aくんにとっては、睡眠の記録をつけていき、6時に起きる場合との起床時間の差が少なくなれば、世界地図上でブラジルから日本に向かって移動していくことになります。

Aくんは、これをゲームみたいだと思ったそうです。これは、大変よい傾向でした。

詳しくは第3章で説明しますが、**脳は自分で決めたことについては、たとえ失敗したとしてもなかなかあきらめない**、という性質があります。反対に、**人から言われたり人に強制的に決められたりしたことについては、ちょっとでもうまくいかないことがあると、すぐにやる気がなくなってしまう**、という仕組みがあります。

そもそも「規則正しい生活」という言葉には、どうしても義務や節度といった我慢するニュアンスがあります。子どもたちにとって、規則正しい生活をする、ということは基本的にあまり楽しいことではありません。親や先生に言われて仕方なくやっていることであって、自分で望んで行動しているわけではありません。

そのため、ちょっとつまずくだけですぐにやる気がなくなってしまいます。

そうした事態を避けるためにも、Aくんがゲームや遊びのように考えて、睡眠リズムの改善に自発的に取り組んでくれたことには大きな意味があったのです。

Ａくんはその日から睡眠の記録に取り組み始め、少しずつ起床時間の「時差」を縮めていきました。２週間後には、ほかの子どもたちと同じ6時に起きられるようになったそうです。

不登校や眠りの問題の原因を探っていけば、原因になりうる要素はいくらでも見つけることができます。

しかしその前に、**脳や人体に備わっている生理学的な仕組みに当てはめて問題を考えてみることで、問題がシンプルになり、ほんの少しの努力で解決できることもある**、ということがわかったエピソードでした。

○──睡眠を技術だと思えば、誰もが上手になれる

Ａくんのようになんらかの事情で本人が望む生活リズムを送れないようになっている状態のことを、「**ソーシャルジェットラグ**（社会的時差ボケ）」と言います。多くの場合、交代制勤務や介護の事情などで、生活リズムが乱れていることを指す言葉です。

「昼夜逆転」と言われれば、なんだか病気の症状のようにも聞こえて、「いけないことをしている」とか「本人の意思が弱い」といったイメージを抱きがちですが、「ソーシャルジェットラグ」と言

われれば、何か対策をすれば問題を解消できそうな気がしませんか?

睡眠は、誰もが毎日行う生理現象であり、**眠りの前ではすべての人が平等**です。育ちや性格、経済状況にかかわらず、正しい睡眠の技術はすべての人が獲得できます。そう位置づけるだけで、多くの問題を、よりシンプルに解決していくことができるのです。

「4-6-11睡眠の法則」で、子どもも大人も眠り上手に

３つのリズムを意識する

睡眠を整えるために、子どもも大人も、すべての人が共通して使える法則があります。

それは、「**起床から4時間以内に光を見て、6時間後に目を閉じて、11時間後に姿勢をよくする**」というもの。これは「**4-6-11睡眠の法則**」とも呼ばれ、さまざまな企業の現場で、産業事故を防いで労働生産性を向上させるために活用されています。

この睡眠の法則は、「**メラトニンリズム**」「**睡眠-覚醒リズム**」「**深部体温リズム**」という3つの生体リズムの仕組みを組み合わせることでつくられています。

少々複雑ですから、ひとつずつ、順番に解きほぐしていきましょう。

「メラトニンリズム」とは何か

まずはメラトニンリズムです。

「**メラトニン**」とは、私たちの1日を24時間に揃えてくれている物質です。

「1日が24時間なのは、みんな同じなのでは？」と疑問に思われるかもしれませんが、実は、**1日の長さは人それぞれで違います**。

日本人の平均は1日24・2時間であることが研究で示されていますが、1日が23時間に近い人もいれば、25時間に近い人もいます。

この時間の長さは、その人が持つ「**時計遺伝子**」によって決まります。みんなそれぞれ違う時計を持っている人たちが、1日24時間の社会で一緒に生活するために、メラトニンリズムが役立っているのです。


メラトニンは、目の網膜が光を感知して、脳に光の刺激が情報として届けられることで分泌がストップし、その時点から1日のリズムをスタートさせます。

先ほども述べた、光が当たると子どもでは14時間後、大人では16時間後に眠くなるという仕組みは、このメラトニンの増減によって引き起こされています。

そしてこの仕組みによって、違う時計を持った人たちでも、生活のリズムを合わせて一緒に生活することができるようになっている、というわけです。

これが、「メラトニンリズム」です。

このメラトニンに着目すると、睡眠のリズムを効率的に整えるには、次のふたつのステップを経るとよい、ということがわかります。

○最初は、リズムのメリハリを大きくすること

最初は、**リズムのメリハリを示す振れ幅を大きくしてあげるステップ**です。

メラトニンは朝の光によって分泌がストップし、その14～16時間後に分泌が高まることで、私たちは眠くなります。

これはリズムなので、**朝に強い光を浴びてバシっと一気にメラトニンを減らすほど、振れ幅が大きくなって夜にメラトニンが増えやすくなり、眠りやすくなります。**

同じく、**夜にはできるだけ暗い環境にして脳内のメラトニンを最大限に増やしてあげると、やはり振れ幅が大きくなるので、朝には自然にメラトニンが減ってより目覚めやすくなります。**

本書冒頭の「はじめに」で紹介したエピソードに登場する女の子は、このメラトニンリズムのメリハリをつけたことで、行動が大きく変わったのです。

逆に、たとえば朝に起きてもカーテンを閉めたままにしていたり、夜に照明をつけたまま眠ってしまっていたりすると、メラトニンリズムのメリハリ、振れ幅が小さくなってしまいます。

こうなると、朝からボーっとして眠い。夜になると、逆に目が覚めてすんなりと眠れない……という状態になってしまいます。

睡眠のリズムを整えるには、このようにメラトニンリズムのメリハリを強調してあげることが、第一のステップとなるのです。

好きな時間にスッキリ起きられる

メリハリがつくられたら、次のステップではそれを前後にずらしましょう。

早起きや遅起きにメラトニンリズムを動かして、自分の望ましい生活スタイルをつくるのです。

つまり、朝型でも、（子どもにはあまり好ましくありませんが）夜型でも、必要に応じて、好きな時間にスッキリ起きられるようにリズムを調整していきます。

1日の始まりから終わりまでを「位相《いそう》」と言います。

たとえば、いつもは夜ふかし・朝寝坊の人が、今後は早起きするということであれば、それは「位相を前進させる」と言います。

ただ、先ほどの最初のステップ、メラトニンリズムのメリハリをしっかりつけられていないうちは、位相をずらしにくいです。みなさんも、急に早起きの朝型生活にしようと思い立っても、なかなか続かなかった、という経験があるはずです。

そうではなく、**位相をずらすときにはまずは振れ幅をしっかりつくります。**

8時起床の生活リズムから、6時起床の生活リズムにずらしたいのならば、まずは8時起床のまま、朝にはしっかりメラトニンを減らし、夜0時くらいに眠くなるリズムをつくります（8時＋大人16時間＝24時＝0時）。夜にもあまり明るい光を見るのは避け、メラトニンをしっかり増やしてあげましょう。

それができると、朝の目覚めや夜の寝つきがスムースになりますから、**その段階で、次は6時起床へと、30分単位で少しずつ起きる時間をずらしていく**のです。

この順番で取り組むと、睡眠のリズムをコントロールしやすいです。

○ちょっとした工夫で難なくクリアできる！

なお、メラトニンリズムの振れ幅をしっかりつくる、つまり、朝にメラトニンをバシっと減らすためには、**朝の起床のタイミングで、１５００〜２５００ルクス程度の光を網膜が感知する必要があります。**

一般的な部屋のなかの明るさは５００ルクス程度。ですから、朝目覚めてもただ部屋のなかにいるだけでは、メラトニンリズムのメリハリを十分につけられません。

晴れていれば、窓から1メートル以内に移動すれば明るさは3000〜5000ルクスに増加します。ベランダに出たり窓から顔を出したりすれば、さらに1万〜1万5000ルクスへと明るさが増大します。

そこで、**朝目覚めたら、子どもが窓から1メートル以内の場所に必ず移動するような生活動線をつくってあげましょう。**わざわざ意識しなくても、毎朝、普通に生活しているだけで脳に光の刺激を届けられる環境をつくることが理想です。

たとえば、**朝食時に子どもが座る場所を窓から1メートル以内にする**とか、**毎朝ベランダで植物に水やりをする役目を与える**など、工夫しだいで毎日自然に、明るい光を浴びる生活動線をつくることが可能です。

これも前述したように、子どもは大人よりも光に対する感受性が高いので、こうした工夫でメラトニンリズムのメリハリをつけてあげれば、行動がいきなり大きく変わる、ということもあります。

○自分で起きられるようになったBちゃん

5歳のBちゃんの例を見てみましょう。

Bちゃんは朝、なかなか自分で起きてこられませんでした。お母さんが何度も起こしに行きますが、無理に起こすと不機嫌になり、保育園に行く準備を渋ります。かといってお母さんが代わりに準備をすると、「自分でやりたかった！」と泣いて、はじめからやり直しになる……そのため、朝食もほとんど食べられません。そうこうしているうちに、家を出るのがいつも遅刻ギリギリの時間になってしまう、という状態でした。

そこで、私はお母さんに、次のように取り組んでもらいました。

まずはBちゃん本人に、先ほど話したような「朝しっかり起きることで、どんなメリットがあるか」を易しく話してもらいました。

朝しっかり起きることで、夜もすぐに寝つけるようになり、日中に眠くなることが少なくなる、遊べる時間も増える、ママも喜ぶ、といったことをきちんと教えたのです。

そのうえで、**朝はお母さんが「明るくするよ～」と声をかけてから寝室のカーテンを開け、さらに照明もつけて、そのままその場を立ち去る**ようにしてもらいました。Bちゃんを直接起こすことは、やめてもらったのです。

そして、Bちゃんが自分で起きてきたら、**お母さんと一緒にベランダに出て、花に水やりをするように**してもらいました。

それ以外は、何も変えませんでした。

2週間後には、朝、Bちゃんに声をかける回数が減り、目覚めるまでの時間も短くなりました。

1か月後には、それまで食べられなかった朝食が食べられるようになり、夜には同じ時間に自然に眠くなるようになりました。

2か月後には、お母さんが起こしに行かなくても自分から起きてくるようになり、たとえ休日に夜ふかしをしても、翌朝には同じ時間に目が覚めるようになりました。

朝の不機嫌はなくなり、洗顔や着替えもひとりでできるようになりました。


このように、子どもは大人に比べて変化が大きく、睡眠だけでなくそのあとの行動まで大きく変わります。

ぐっすり眠ってスッキリ起きられる脳と体をつくることで、規則正しい生活を簡単につくることができます。本人のやる気や性格は、まったく関係ないのです。

このとき Bちゃんのお母さんが取り組んだように、**子どもが自然に起きられる環境を用意し、あとは子ども自身の脳や体が変わっていく様子を観察する、という姿勢が大切**です。

多少時間がかかることもありますが、子どもが自分の意志で生活リズムを変えられた、という成功体験があれば、その後の長い人生でも、「自分で最適な睡眠リズムをつくれる人」として成長できます。それは、親が子どもにしてあげられる、大きな大きなプレゼントなのです。

○浴びないよりはずっといいが……

ここまでの話で、「子どもは毎日学校や園に行っているから、毎朝、光を浴びているはずでは？」と思われた方がいらっしゃるかもしれません。

それは確かにそうなのですが、通常、子どもが学校や園に出かけるのは起床から1時間後くらいでしょう。そうすると、たとえ通学途中や通園途中に強い光を浴びたとしても、メラトニンリズムに大きなメリハリをつけることは難しいのです。

脳には、メラトニンの分泌をストップするための光刺激を感知する「感度」があり、**その感度がもっとも高いのが起床1時間以内**です。つまり、学校や園に出かける前のタイミングです。目覚めてすぐがいちばん感度が高いので、このタイミングで光の刺激を脳が得られないと、朝のスタートダッシュが遅れてしまう、というわけです。

光による刺激でメラトニンリズムにメリハリをつけられる限度は、起床後4時間くらいまでと言われています。

起床1時間後くらいの通学・通園時に光を浴びるのも、浴びないよりはずっといいのですが、より効率よく、メリハリをつけたいときは、目覚めたらできるだけ早いタイミングで、子どもと一緒に窓から1メートル以内の場所に入るようにしてみましょう。

また、**休日に寝溜めをするときにも、平日と同じ時間にいったん目覚め、窓から1メートル以内のところに入ってそこで二度寝をすると、メラトニンリズムを大きく狂わせることを予防できます。**

「睡眠-覚醒リズム」とは何か

次は、睡眠-覚醒リズムについて見ていきます。

このリズムは、**脳に溜まっていく睡眠物質によって、起床から8時間後と22時間後に自然に眠くなる**、というものです。

たとえば6時起床の場合なら、6＋8＝14時（午後2時）と、6＋22＝28時＝明け方の4時の2回、大きな眠気が襲ってくることになります。

明け方の4時はともかく、午後2時と言えば、大人の場合、普通はまだ就業時間内ですから、居眠りによる産業事故などが起こりかねません。そこで、この時間帯の眠気を避ける方法があります。

それは、**まだ眠くなる前の起床6時間後に、1～30分のあいだ目を閉じて、脳を休ませること**です。

このように、午後に襲ってくる眠気を避けて集中力を高め、さらに夜の睡眠の質を上げるための仮眠を、**「計画仮眠」**とか**「戦略仮眠」**と言います。

以前、福岡県の明善高校が2004年からこうした仮眠をとり入れたことで、全校的に成績の向上が見られたというニュースが流れたことがあります。そのニュースをご覧になって、聞いたことがある、という方もいるかもしれません。

おまじないを唱えてから、頭をまっすぐにして眠る？

この計画仮眠には、4つのルールがあります。

〔ルール① 眠くなる前に目を閉じる〕

たとえば、会議中に眠くなって、眠るのを我慢した挙句にウトウトと居眠りをしてしまい、いったんは目覚めたのに頭がボーっとして、またウトウトするのを繰り返してしまった、という経験はありませんか？

これは、「**睡眠慣性**」という現象です。

脳に睡眠物質が溜まって、眠気のピークになったときに居眠りをしてしまうと、睡眠物質が分解される深い睡眠に入ってしまいます。

その途中で目覚めると、意識は目覚めていても脳内では睡眠の脳波がまだ残っていて、頭がボーっとしてしまいます。ひどいときには、頭痛がすることもあります。

こうした**深い睡眠に入ってしまわないよう、眠くなる前に仮眠をとることが大切**なのです。

起床から8時間後には脳が働かなくなって眠くなる、という睡眠-覚醒リズムがあることがわかっているのですから、その少し前の起床6時間後あたり、つまり昼休み前後にあらかじめ短い仮眠をとっておくことで、午後の授業中や作業中に眠気を催すのを防ぐ、ということです。

〔ルール② 仮眠の長さは1分〜最長30分まで〕

仮眠はその長さによって用途が異なりますので、その違いを意識して仮眠を使いこなしましょう。

1〜5分の仮眠では、脳に溜まった睡眠物質は分解されませんが、主観的にはスッキリしたという感覚がつくられます。

1分程度では「眠った」という感じはないのですが、それで大丈夫です。

目を閉じると、脳波は自然と、ゆっくりとしたアルファ波になります。

アルファ波が50パーセント以上のときはまだ起きていますが、このアルファ波が減っていき50パーセント未満になると、眠っている自覚はないものの、脳波上では眠っている状態に入ります。

脳は、視覚を遮断しない限り休憩できない内臓です。目を開けていると、どうでもよい映像もすべて自動的に分析してしまいます。そこで、**効率的に脳に休憩をさせるには、目を閉じることが必須条件になること**を覚えておきましょう。

次に、**6〜15分の仮眠では、脳に溜まった睡眠物質が分解されて、仮眠後の作業効率が上がるこ**

とが明らかになっています。そのため、時間が許すならば、10分から20分程度の仮眠をとることが理想的です。

この程度の時間、仮眠をすると、「いま、眠っていたな～」という感じがあります。実際の感覚では、モヤモヤとまどろんできて、このまま眠りに入ったら気持ちがいいだろうなあ、と思うくらいで目を開けるのがベストです。

そして、仮眠時間が30分を超えてくると、夜間の深い睡眠中に見られるデルタ波という脳波が出てきます。

私たちの脳では、朝起きたときにその晩に使えるデルタ波の量が決まります。ところが、昼の仮眠のときにこの限られたデルタ波を使ってしまうと、夜の睡眠の分が食いつぶされてしまい、夜にぐっすり眠れなくなってしまう、という弊害が出てきます。

そこで、**仮眠は30分以内に抑える**、というのが計画仮眠のルールです。

〔ルール③　頭を垂直に保って仮眠する〕

仮眠をするとき、頭が横になっていると、深い睡眠のデルタ波が出やすくなります。

そこで、**頭はできるだけ垂直に保ったまま仮眠をする**ことが大切です。イスの背もたれに寄りかかって眠るのが理想です。

多少難しそうにも思えますが、この条件を満たすためのグッズがさまざまに開発・販売されています。仮眠まくらやネックピローです。首に枕を巻きつけて眠るタイプのグッズですが、これらのグッズを選ぶときにもポイントがあります。

装着したときに、頭がグラグラするU字型の枕は適していません。人間の頭は、肩からあごまでの隙間をピタっと止めないと動かないので、それができるグッズを選びましょう。

また、グッズに頼らなくても、タオルやクッションを丸めて、イスに寄りかかった側の肩に乗せ、そこに頭を乗せるようにするだけでも、睡眠中の頭を垂直に保つことができます。


よく「机の上に顔を伏せて仮眠する姿勢はどうか？」と質問されます。この姿勢は深い睡眠に入りがちですが、頭がグラグラした状態で眠るよりはよいです。

〔ルール④　「○分後に起きる」と3回唱えてから目を閉じる〕

計画仮眠は、脳に「睡眠」という作業をさせるわけなので、その作業の終わりをあらかじめ決めておいてあげると、仮眠後も速やかに活動モードに戻ることができます。

そのためには、**言葉で自分の脳に語りかけることが有効**です。嘘のように聞こえるかもしれませんが、本当に効果があります。

試しに、「1分後に起きる」と3回唱えてから、1分仮眠をしてみましょう。

このとき、実際に心拍計で心拍数を計ると、1分が経つ少し前から心拍数が上がり、体が起きるための準備をし始めるのを確認できます。これは、何分仮眠をとる場合でも同じです。

「なんとなく居眠りをしてしまった」という事態を避けて、計画的・戦略的に仮眠をとるには、必ずゴールを設定してから実行することが成功のカギになるのです。

なお、子どもに計画仮眠を促す場合には、ルール③は難しいので①、②、④を伝えてあげてください。

計画仮眠が有効とされる年齢は一般的には高校生くらいですが、最近では、中学校でも計画仮眠を導入するところも出てきています。

保育園のお昼寝で、夜に寝つけなくなることも

この計画仮眠の説明に、園に通う年代のお子さんをお持ちのお母さん・お父さんは違和感を覚える方が多いかもしれません。

現在、国内の保育園では、30分以上の「お昼寝」をさせるところが多いからです。

保育園で長すぎるお昼寝をすると、多くの子どもが昼に熟睡して、その日のデルタ波を使ってしまい、夜眠る時間になっても元気にはしゃいでしまいます。

睡眠の仕組みから考えれば、夜になかなか眠れないのは当然なのに、園の先生からは「早寝を心がけましょう」と言われるので、親は早く寝かしつけようとします。

それでも、結局は寝つくのが遅くなるので、子どもは朝に起きられないし、不機嫌で保育園にも行き渋ります。親も毎晩の長時間の寝かしつけで疲弊する……こんな悪循環を、いままさに繰り返している、という人も多いのではないでしょうか？

こうした問題意識から、一部の東京都内の保育園では、こんな取り組みが行われています。

年長児と年中児でお昼寝をやめる、という取り組みです。

これにより、**帰宅後の子どもたちの就寝時間が早まり、朝も保育園への行き渋りが減った、**という調査結果が得られています。

これは、日中に長すぎる仮眠、つまり「お昼寝」をしないことで、夜に質の高い睡眠を確保できるようになった、ということです。

そして、この取り組みには副産物もありました。

お昼寝をしていた当初は、夕方の親のお迎えが遅い家庭が多く、園ではそれに対応するため22時までお迎えを受けつけていたそうです。

それが、**お昼寝をやめてみると、夕方の親のお迎えまで早くなった**のです。

その理由としては、お昼寝をしないまま遅い時間に親がお迎えに行くと、子どもが眠くて眠くて仕方がない状態になっているので、これでは、夕食も食べずに眠らせることになってしまう。それを避けるために、親が時間の使い方を工夫して、早く帰宅するようになったのではないか、と推測されているそうです。


保育園での長いお昼寝の時間は、保育士が記録や午後の準備をする時間でもあります。また、保育園を遅くまで開けざるをえないのは、親がなかなか早く帰宅できないからです。

その点だけを考えれば、問題を解決するのは容易ではないと誰もが思うのですが、子どもの健やかな成長のためには何をすればいいのかを、生理学的な視点から「睡眠」を切り口として考えてみたら、意外にシンプルな解決策があることがわかった、という事例です。

もちろん、すべての園ですぐに実践できるわけではないでしょうが、保育園も親も、子どもの健やかな成長を願うことでは立場は同じです。保育を取り巻く環境のなかで、おおいに検討に値する取り組みだと思います。

睡眠-覚醒リズムの振幅ができ始めている年少~年長の子どもたちでは、昼間にしっかり目覚めている時間をつくることはとても大切です。

実際に通っている保育園のスケジュールが、すぐに変わることが期待できない場合には、**年少児になったら、お昼寝の時間は静かにしていれば無理に眠らなくてもよい、と保育士の許可を得たり、休日はできるだけお昼寝をせず、夜にまとめて眠るスケジュールにする**など、親の側でできるだけの工夫をしてみるとよいと思います。

「深部体温リズム」とは何か

最後に、深部体温リズムについて説明します。

「**深部体温**」とは、内臓の温度のことです。

人間は、この深部体温が高くなると元気になり、低くなると眠くなります。

そして、深部体温は起床から11時間後（6時起床の場合なら夕方の17時）に最高になり、22時間後（6時起床の場合なら明け方4時）に最低になります。**起床の22時間後に眠くなるのは、先ほどの睡眠-覚醒リズムと同じ**ですね。明け方というのはどうしても眠ってしまう時間帯であることがわかります。

逆に、深部体温が最高になる起床11時間後くらいに居眠りをしてしまうと、深部体温リズムのメリハリがなくなり、夜になっても体温が下がらずに寝つきが悪くなります。結果、睡眠の質が低下してしまいます。

そのため、**睡眠の質を向上させようとするときに絶対にしてはいけないことは、夕方に眠ること**なのです。

塾や習い事の効果を高めるためにも、夕方には眠らない

ここから、**子どもが学校から帰ってきたあとに、いったん眠ってから塾や習い事に行く、というようなスケジュールは避けるべき**であることがわかります。

そのまま塾や習い事に行くのでは体力が保たないから、先に休んでおく必要があると考えて、ならば夕方に仮眠しようと考えがちですが、それは「落とし穴」なのです。

塾や習い事は、子どもの能力を高めるために通わせているはずです。そして、能力を高められる脳をつくるために、私たちが毎日行っている作業が睡眠です。

塾や習い事ばかり重視して、睡眠の質を軽視すると、せっかくの努力が実を結ばなくなってしまいます。まずは深部体温リズムのメリハリを強化して、すべての努力が実を結べるようにしていきましょう。

○深部体温は夕方に上げると、眠る前に下がる

ぐっすり眠るためには、眠り始めの深部体温を急激に下げることが有効です。深部体温が下がれば下がるほど、睡眠は深くなります。

では、「眠る前に体を冷やせばよいのでは？」と考えてしまいがちですが、そうではありません。少しややこしいことですが、大切なポイントなので体温の仕組みについて説明します。

人間の体温には、普段は体温計で計る「**表面体温**」と、内臓の温度である「**深部体温**（直腸体温とも言います）」があります。

このふたつの体温は、相反《そうはん》して体温調節をしています。体の表面が暑くなると汗をかき、その汗が蒸発すると、気化熱で熱が奪われて血液の温度が下がります。その血液が内臓を巡ると、深部体

温が下がります。

反対に体の表面が冷えると、鳥肌を使って体の熱を閉じ込めます。すると、深部体温は高く保たれます。

このように相反する働きで、外気の温度が変わっても、体に負担がかからないように体温が調整されているのです。

常にこのような調整機能が働いているのですが、その体温の変化を時系列で見ていくと、1日のなかで上がったり下がったりするリズムがあり、それが「深部体温リズム」です。

さて、私たちが夜眠るときに、この深部体温を急激に下げて睡眠の質を上げるには、深部体温リズムのメリハリを強調してあげることが有効です。

つまり、**深部体温が最高になる夕方の時間帯に、より体温を上げるようにすれば、自然に眠る前にはより急勾配で体温が下がるようになります。**ちょうど、ジェットコースターのようなイメージです。高く上がれば上がるほど、落ちるスピードも急激になりますよね。

夕方の体温を上げて、急勾配をつくることを意識しましょう。簡単なのは**運動**や**入浴**です。

ということは、子どもがもともと部活などで夕方に体を動かし、そのまま帰宅して夜に眠るスケジュールになっていれば、それは理想的なスケジュールです。

○──どうしても夕方に眠ってしまう場合の生活リズム修正法

しかし、夕方の部活動から帰宅すると、疲れ果てていったん眠ってしまったり、先ほどの例のように塾や習い事の予定が毎日入っていて、先に眠っておかなければとても体力が保たない、というようなケースも多いと思います。

そうした場合には、**せめて夕方に習慣的に眠ることだけは避けてみましょう。**

夜に何か用事があるわけではないのに、夕方から夜の早い時間にかけて、子どもが習慣的に眠ってしまう、ということがありませんか?

まずはそういう日にだけ、夕方に眠らず、夜にひとまとまりの睡眠をとらせるようにしてください。

リビングや自分の部屋で、「そこに座ったら眠ってしまう」という場所があるはずです。帰宅してその場所に行くまでの動線が脳に記憶されていて、自動化されているのです。

この自動的な働きを断ち切るために、最初は週に1日だけでもいいので、「眠る場所」に行かないようにしてみましょう。

夕方5時頃になったら、眠らないように動いていられる用事をつくります。

そのうえで、夕方に眠るスケジュールを、しだいに昼の計画仮眠へと変えていきます。目標は、15時以降は眠らないこと。仮眠を15時前に終わらせておき、深部体温が上昇していく夕方に眠らなくても、塾や習い事にがんばれるスケジュールをつくることで、睡眠の質を上げていくことができます。

○脳の成長のための前提条件をクリアしよう

ここまでに説明してきた人体の3つのリズムを組み合わせると、前述した「起床から4時間以内に光を見て、6時間後に目を閉じて、11時間後に姿勢をよくする」という「4-6-11睡眠の法則」ができます。

この法則を実践して、ぐっすり眠ってスッキリ目覚められるようになれば、子どもの脳をグングン成長させる準備が整います。

1週間のうち4日、2週間できれば勝ち

生活のリズムを変更するのには多少時間がかかるのですが、変わるまでにどのくらいの期間が必要かを疑問に思う方もいると思います。また、習慣を変えるのは最初は少々面倒なので、毎日取り組むのはつらい、と感じる方もいるかもしれません。

合格ラインはどこに？

まず、1週間のうちどれくらいの日数、習慣を変えられれば合格ラインと言えるのかを考えます。

生体リズムには、多いほうに同調するという仕組みがあります。つまり過半数をとれば、生体リズムは変えられます。

1週間7日のうち、過半数の4日以上実行できればよいので、**最初は休日2日＋平日2日の4日間、実行できればよし**、とするぐらいのつもりで無理なく取り組んでみましょう。

逆に、週のうち4日が乱れた生活になると、その乱れたリズムが基準になり、いったんは整って

いたリズムも同調して乱れてしまうので、要注意です。

全部を一度に変えなくてもいい

また、前述したメラトニンリズム、睡眠-覚醒リズム、深部体温リズムの3つのリズムのうち、**ひとつだけでも整えていると、ほかのふたつのリズムも自ずと同調して整ってきます。**

夕方に運動するように心がけていたら、自然に朝、自分で起きられるようになった。朝に光を見ることを意識していたら、日中いつも眠かったのが、だいたい夜の同じ時間帯に眠くなるようになってきた、という具合です。

最初からすべてを実行しようとせず、自分がもっとも簡単に実行できそうなことひとつに絞って、とにかく取り組み始めてみることが、自分の生体リズムを上手にコントロールするコツです。

最初の2週間で変化のきざしが出てくる

また、生体リズムは、2週間単位で変化します。

この2週間のリズムのことを「**サーカダイセプタンリズム**」と呼びます。

何か生活習慣を変えることをすると、2週間後にちょっとした変化が起こります。

たとえば、朝は子どもを起こしに行ってから起きてくるまで1時間かかっていたのが、2週間後には30分程度でベッドから出られるようになったとか、夕方に仮眠をすると2時間くらい眠ってしまっていたのが、1時間で起きられるようになった……という感じで、劇的な変化ではありませんが、確実に小さな変化が見られます。

その後、さらに2週間経過した1か月後には、このちょっとした変化が大きな変化になります。

1か月、自分が理想とするリズムがつくられたら、そのあとは特に意識をしていなくても、6か月後、1年後もリズムが整う、ということが明らかになっています。

このように、**最初の2週間が重要なので、2週間でバシっと基準をつくる気持ちで取り組んでみてください。**

必要な睡眠時間はどれくらい？

○——起床4時間後がチェックタイム

子どもたちに必要な睡眠時間の目安はどれくらいでしょうか？

年齢が若いほど長い睡眠時間が必要です。おおよその目安では、**小学生では10時間程度、中学生では9時間程度の睡眠時間が必要とされます。成人と同じ睡眠のリズムになるのは、18歳前後です。**

ということは、小学生が10時間眠ろうとした場合、6時に起きるならば20時には眠らなければならなくなります。これは、ほとんどのご家庭ではかなり難しいことだと思います。

では、どうすればよいのか？

本章のはじめのほうでも触れましたが、**忙しい生活のなかで十分な睡眠時間を確保するには、1日当たりの睡眠時間より、むしろ1か月単位での累積睡眠量を増やしていくよう意識することが大切**です。前述したように、1日15分だけ早く寝たとして、それを1か月続けたら、7.5時間余分に睡眠時間を確保できるのです。

睡眠時間は、つい30分や1時間単位で考えがちです。22時に眠ろうとしていたのに時間がすぎてしまったら、次は22時30分にまでには眠ろう——このように考えてしまうと、何もやることがなくても次のタイミングまで起きていて、知らないうちに自分の睡眠時間を削ってしまいます。

1日の睡眠時間だけにとらわれず、1週間や1か月のスパンでトータルの睡眠時間を増やしましょう。ほんの5分や10分でも早寝をして、累積睡眠量を増やすのです。

そのうえで、いまの自分がちゃんと睡眠がとれているのかどうかを、判定する基準がこちらです。

● 起床から4時間後に、あくびやボーっとすること、またはだるさなど眠気に関する兆候があったら、睡眠が足りていない

6時起床の人は、起床4時間後の10時にこれをチェックしてみてください。

人間の脳は、起床4時間後がもっとも脳波の活動が活発で、1日をとおしていちばん頭がよい時間帯です。この時間帯に、冴えない状態でいたり、眠気を感じたりするようであれば、睡眠の量が足りないか、その質が悪いということです。

常に、自分の起床4時間後の眠気をチェックして、その時間帯に眠気があったら、「今晩は5分でも早く寝よう」「夕方に体を動かそう」などと対策を立ててください。そうすれば、実際に睡眠トラブルが起こる前に対処できるはずです。

○子どもと一緒にやってみよう！「目を閉じて片足立ち」

さらに簡単に、いつでも自分の睡眠状態をチェックできる方法もあります。

それは、**目を閉じて片足立ちをすること**です。右足でも左足でもいいので、目を閉じて片足立ちをしてみましょう。どれくらい姿勢を保っていられますか？　すぐにグラグラしますか？

すぐにグラグラしてしまうのは、睡眠不足のサインです。

私たちは地球の重力を常に受けていますが、その重力に対抗して体を支える筋肉を「**抗重力筋**」と言います。

あご、お腹、もも、ふくらはぎ、お尻、背中などの筋肉です。この抗重力筋は、セロトニンという神経伝達物質によって、その働きが調整されています。

そして、セロトニンは脳を目覚めさせる物質でもあります。睡眠に問題があってセロトニンの分泌が不十分だと、抗重力筋がしっかり働かなくなります。すると、姿勢が悪くなります。

それを自分で簡単に自覚できるようにする方法が、目を閉じて片足立ちをすることなのです。

朝起きて、いつも同じくらいの時間帯に目を閉じて片足立ちをするようにすると、今日の自分がちゃんと仕事や勉強に集中できる状態か、睡眠不足なのかどうかをチェックできます。

みなさんも、ぜひ試してみてください。

第3章

子どもの力を引き出す「5つの感覚」と伸ばし方

5

子どもの行動を変えたいなら、原因から変えること

夜にはぐっすり眠り、昼間にはしっかり目覚めることができるようになったら、準備完了です。いよいよ、子どもたちの行動をよりよい方向に変えるために、私たち親がどのようにかかわっていけばよいのかを説明していきます。

脳は情報で世界を知る

この章で、親御さんのみなさんに最初に知っておいてほしいのは、「**子どもの行動を変えるには、その行動を命令している脳を変える必要がある**」ということです。そして、「**その脳を変えるには、脳に入っていく情報から変えることが必要だ**」ということを理解してください。

脳はいま体が置かれている状況を、人体に備わったさまざまな感覚から送られてくる電気信号、つまり「情報」によって把握しています。そして、それらの情報をもとにして、「手を動かせ」とか「歩け」とか「食物を食べて栄養を摂取しろ」といったさまざまな命令を体に出しています。

私たち親は、その子の脳から出された命令の結果として、子どもが動く「行動」を見ているのです。

子どもたちを「聞き分けがよい、落ち着いた子」や「運動好きな、活動的な子」、また「集中力がある、かしこい子」や「思いやりがある、やさしい子」などに育てていくには、彼らの行動を変える必要があります。しかし、いきなり子どもたちの行動を変えようとしても、それは原因を変えずに結果だけを変えようとすることなので、なかなかうまくいきません。

結果としての行動を変えるには、その原因から変えること。つまり、その子の脳に届けられている情報を変えることが求められる、と考えてみましょう。

◯人体に備わっている感覚は「五感」だけではない

脳がさまざまな行動を命令するのには、右に述べたように情報が必要です。そして、その情報を集めるのが「**感覚**」です。

「感覚」と言うと、視覚、聴覚、触覚、嗅覚、味覚の5つで構成される「五感」をイメージする方が多いと思います。もちろんこれらの五感からも、脳はたくさんの情報を得ています。しかし、実は人体にはもっとたくさん、さまざまな感覚が備わっています。

本書では、そのなかから子どもたちの行動を好ましい方向に変えていく、という目的に合致する、次の5つの感覚を厳選して詳しく見ていきます。

1　前庭感覚
2　固有感覚（筋感覚）
3　触覚（体性感覚）
4　視覚
5　聴覚（言語）

5つのうち、「3 触覚（体性感覚）」「4 視覚」「5 聴覚（言語）」の3つは、おなじみの五感に含まれている感覚です。しかし、「1 前庭感覚」と「2 固有感覚（筋感覚）」のふたつは、ほとんどの方が聞いたことのない感覚なのではないでしょうか。

しかしこれらはいずれも、子どもでも大人でも、脳をしっかりと働かせるためには、知っておかなければならないとても重要な感覚です。

この章では、ここに挙げた5つの感覚それぞれが、どのような情報を脳に届けているのか、また、その情報が不十分だと、その子の脳がどのような命令を出し、結果としてどんな行動をしてしまうのかを解き明かしていきます。

たとえ親子であっても、見て感じている世界は違う

ドキドキ・ハラハラ状態では全身が敏感に

その前に、知っておいていただきたい感覚全般についての基本的な考え方があります。

キーワードは「閾値《いきち》」です。

触覚を例にしてみましょう。

私たちは物に触ったとき、どの程度触れると、「いま、触ったな」とわかるでしょうか？

好きな人や、逆に嫌いな人に触れられたときのことを想像してみてください。きっと、ほんのちょっと触れられただけでも「いま、触った！」と感じるでしょう。

一方で、つまらない単純作業を延々と繰り返しているときには、手にしっかり触れたはずの物にもまったく気づかない、ということが多々あります。

たとえ同じように触れていても、その感覚に対する感度は、状況や場面によって異なるのです。

私たちはこうした感度の違いを、日常では「敏感」とか「鈍感」という言葉で表現しています。

そして、この敏感や鈍感を決めているのは、私たちの**神経の働き**です。

脳に情報を伝えるのは神経です。体中に張り巡らせてある電線のようなものをイメージをすると、わかりやすいと思います。

この**神経は、触ったか、触っていないか、白か黒、どちらかの情報しか伝えられません。**「ちょっと触った」とか、「触っていないと感じるくらいに触っている」といった、中間の信号は送れない仕組みになっています。

実は、この点は本物の電線と同じです。電気のデジタル信号では、0か1のどちらかの信号しか送れません。しかし、電線と神経が違うところは、触ったか、触っていないかの基準が、状況や場面によって変わるところなのです。そして、この基準のことを「閾値」と言います。

白黒はっきりつけたがる？

筆の毛先を、手のひらに少しずつ近づけていく場面を思い浮かべてみましょう。

筆先の毛が手にほんの少し触れたあたりで、触覚に関係する神経が活動を始めます。

しかし、その活動が閾値のラインに達するまでは、たとえ物理的には毛先が手に触れていても、まだ神経は「触った！」という信号を脳に送りません。そのため、本人は「触っていない」と感じています。

ところが、さらに毛先が手に押しつけられて、神経の活動が閾値のラインを超えると、一気に信号がスパークして「触ったん！」という情報が脳に送られます。

閾値に達しなければ、それは脳や神経にとっては「なかった」ことであり、ひとたび閾値に達すると、すべて「あった」ことになる、というわけです。

○──「敏感」は閾値が低く、「鈍感」は閾値が高い

この仕組みだけならば、みんな同じ閾値にしたがって、同じ情報が脳に届けられるはずです。しかし、先ほども述べたように人間の神経は電線とは違い、閾値が上がったり下がったりします。

好きな人や嫌いな人に触られるときには、その人に対する意識が高まっているので、閾値が下がります。

閾値が下がれば、ほんの少しの感覚でも神経はスパークして、「触った！」という情報を脳に届けます。これが「敏感」な状態です。

それに対して、**無関心なことをしていたり、状況に慣れてしまっていたりすると、閾値が上がります。**

少々触れたところで、神経の活動が閾値の高いラインに達することがないので、「触っていない」ことになります。これが「鈍感」な状態です。

同じ人でも、状況や場面によって感じ方が大きく変わる、ということがよくわかりますよね？
さらにそれが**別の個人同士であれば、閾値のレベルは千差万別**です。

親子であっても感じ方は違う！

私たち親は、人はそれぞれ異なる閾値を持っていて、またその異なる閾値も状況や場面によってさらに上下するということを理解してください。それがわかると、子どもの見方が変わります。

親が子どもを見るときには、つい子どもも自分と同じように感じている、と思い込んでしまうのですが、親と子どもでも閾値が違うので、たとえまったく同じことをしていても、子どもが感覚をとおして感じている情報は親と異なります。

当然、脳に届けられている情報も異なります。

このように考えれば、**たとえ親子であっても、同じように感じるものではない。同じように感じることを強制しないようにしよう**、という姿勢が自然に身につきます。

そして、それぞれの子どもの感覚に異なる閾値があることを知り、その閾値のラインを見極めることができれば、私たち親が子どもの脳内で起こっていることを理解し、彼らのよりよい行動を上手に引き出すためにも、おおいに役立つのです。

Check!

子どもの力を引き出す5つの感覚

その① 前庭感覚

Bくんは
ブランコ上手
だね
うちのA子は
イヤがっちゃっ
て…
ホラ
こうやって
揺らすんだよ
ヤダ
コワイ
コワイ
A子ちゃんは
ちゃんとしてて
いい子ね～
アラ♥
食事中くらい
じっとしてなさい！

○――ブランコが苦手な子どもも、実は結構いるんです

公園や遊戯施設には、高いところに登ったり、体を大きく揺らしたりする遊具がたくさんありますね。

私たち親にとって、子どもたちがそれらの遊具で遊んでいるのは見慣れた風景なので、遊具で遊ぶのは「できて当たり前のことだ」と思いがちです。

それなのに、自分の子どもだけ、遊具の周りに行くだけで遊ぼうとしない……そんな様子を見れば、「友だちに遠慮しているのかな?」「仲間に入れないのかな?」などと心配になることもあるでしょう。

「こうやってやるんだよ」と親がやってみせたり、手をつないで一緒に遊ぼうとしても、手を引っ込めて自分から遊ぼうとしない――年配の人からは、「情けない。自分たちの頃は、もっと活発に野山を駆け巡ったものだ」などと言われて苦笑い……なんていう場面を見ることもあります。

せっかく遊具のある公園にきたのに、遊びに消極的な様子が見られたり、広い公園なのに地面に座って砂いじりをして遊んでいたりするのを見ると、「この子は、何事にも慎重になりすぎてしまう性格なのかしら?」「自分から、積極的に友だちの輪に入っていくことができないのではないか?」などと、心配になってしまう親御さんも多いようです。

ブランコは得意だけど、じっとすべきときにできない悩みはありませんか？

一方で、親が「もう帰るよ～」と言っているのに、ずっとブランコに乗ったまま、漕ぐのをやめようとしない子もいます。ほかにもたくさんの遊具があるのに、いつまでもブランコだけで遊んでいるし、先にブランコで遊んでいる子がいると駄々をこねる。

そんなことがあると「うちの子、本当にブランコが好きなんだよね～」なんて会話が親同士で交《か》わされたりもします。

親はそうした子が遊んでいたり、運動していたりするときの様子を見ると、「この子は、活発に体を動かすのが好きなんだなあ」と嬉しく感じますが、反対にじっとしているべき場面では、体をソワソワと動かしてしまい、親の目には「落ち着きがない子」と映ります。

食事中なのに、まるで音楽に合わせて踊っているように体を揺らしたり、広いところに行くとすぐに走り出したり……。

毎日そんな様子を見ていると、「もっと落ち着いて行動できるようになってほしい！」と思うことが多いようです。

たかがブランコと侮るなかれ

いま紹介した、子どもの行動に見られるふたつのタイプに、どちらも関係しているのが「**前庭感**《ぜんてい》

覚」です。

この感覚は**体にかかる重力や回転、揺れ、動きの加速度といったものを感じ、情報として脳に送り出しています。**一般には、「**平衡《へいこう》感覚**」という言葉のほうがなじみがあると思います。

この前庭感覚が、生理学的にはどのように子どもたちの行動を規定していくのかを知り、上手に子どもたちの苦手を解消していきましょう。

それによって、子どもたちの脳は、より好ましい方向へとグングン成長していけるはずです。

〈子どもの脳をのぞいてみよう〉

「揺れた」の感覚は子どもによって違う

私たち親は、つい子どもの行動を、ストレートにその子の性格に結びつけて考えがちです。

「ブランコが苦手＝引っ込み思案」「食事中にソワソワ動く＝落ち着きがない」――しかしこれは、**行動から一気に精神論に飛んでしまっている間違った考え方**です。

こうした考え方をしていると、子どもの才能を伸ばそうとしたとき、どうしても「もっと積極的になりなさい！」とか「とにかく『いい子』にしていなさい！」などと、頭ごなしに声をかけることになりがちです。しかしこれでは、なかなか子どもの行動は変わらず、親も子どもも不満が溜まってしまいます。

実は、ここで行動からいきなり精神論に飛んでしまい、見落とされてしまったのが、本書のテーマでもある「生理学の視点」です。私たちがつい忘れがちな生理学の視点で、先ほどの4コママンガの子どもたちを見てみると、どんなことがわかるでしょうか？

○揺れを感じすぎるとブランコには乗れない

「ブランコを避ける」という行動と、「引っ込み思案」という結論のあいだにあるものは何かを、もう一度考えてみましょう。

……その子はブランコが嫌いなのでは？　これでも、まだ飛び越えています。好きとか嫌いとかいった心情的なことよりも、もっと手前にあるもの。それは、**その子の脳に、どんな情報が届けられているか**、ということです。

この場合、それはその子の脳に届けられた「体の揺れ」の情報です。

ここまで原因にさかのぼって考えてみると、**その子がブランコを避けているのは、もしかしたらその子の脳には、実際よりも大きく揺れている、という情報が届けられているからではないか**、という視点が見えてきます。

私たち親が見ているブランコの揺れと、その子が脳内世界で感じている揺れは、必ずしも同じではありません。

体の揺れは前庭感覚で感じるのですが、たとえば前庭感覚の閾値が過度に低ければ、ほんの少し体が揺れただけで、神経は脳に「揺れた！」という情報を届けます。ブランコをしていて、見た目ではそんなに揺れていなくても、子どもの脳内世界では体が大きく揺れているように感じているのです。

怖くなってブランコに乗ろうとしないのも、当然のことです。

揺れを感じなさすぎると体を揺らす

反対の場合も考えてみましょう。

前庭感覚の閾値が過度に高ければ、どれだけブランコに乗って体を揺らしても平気です。

平気というよりは、普通より強く体が揺れないと、その子の脳内世界では「揺れた」ことになっていないのです。

子どもが、はた目には危ないと思えるほど体を大きく揺らしたり、走り回ったりしているときは、こういう状態にある子がより強い揺れを使って、脳に「揺れた」という情報を届けていることが多いです。

なぜ、わざわざそんなことをするのかと言うと、**そもそも私たちの脳は、体の揺れがわからないと「まっすぐ」の状態もわからない**からです。

イスに座っているときに、「まっすぐ座り直してください」と言われたら、あなたはどんな動作をしますか？

おそらくほとんどの人が、無意識にお尻の左右を交互に少し浮かせるようにして、軽く体を揺らしてから、まっすぐに座り直すでしょう。

私たち大人も子どもたちと同じように、体の揺れをまず前庭感覚で計ることで、「まっすぐ」をつくっているのです。

たとえば食事中に、「まっすぐ前を向いて食べなさい！」と言っているのに、子どもが体を揺らしていたら、親としては「なんで、親が言うことの反対をするの？　本当に言うことを聞かない子ね！」なんて思ってしまいます。

でも、本当はこの子は、「『まっすぐ』って、どんな感じだっけ？」ということを知るために体を揺らしているのです。親とは閾値の高さが違うので、親よりも、少し大きく体を揺らしているだけかもしれません。

実はこの子は、「ちゃんと親の言うことを聞いている子」なのかもしれないのです。

揺れを感じすぎる子と、なかなか揺れを感じられない子で、どちらがよいとか、悪いとかいうことではありません。それが、その子の脳内でつくられている世界、その子が感じている世界だということです。

○現実世界と脳内世界のギャップを埋めよう

親から見た動きと、その子が脳内で感じている動きのギャップが大きいと、私たち親はそれが理解できず、つい精神論に走ってしまいます。

しかし、生理学的な見方を知って、本当の原因になっていることを理解してあげれば、お互いに不毛なやり取りをすることを避けることができます。親も子どもも、ずっとラクに成長に向き合うことができます。

さらに、**親はその子の脳内世界と現実の世界のすり合わせをしてあげることで、親と子どものあいだにあるギャップを効果的に解消でき**ます（その方法はこのあと解説します）。

閾値は「慣れ」によって調整できる

では、子どもの脳内世界と現実世界のギャップを、どうやって埋めてあげればいいのでしょうか？

それには、**子どもの閾値を調整してあげればいい**のです。

そして**閾値を調整するには、「その刺激に慣れさせる」ことがいちばん簡単**です。


先ほど、神経の閾値の感度には個人差があるとお話ししました。さらに、同じ人でも状況や場面によって、閾値が上がったり下がったりすることもお伝えしました。

例として挙げたように、最初は好きな人にほんの少し触られただけで「いま、触った！」となりますが、一緒にいる期間が長くなれば、たとえば歩いていて軽く手が触れたくらいでは、なんとも感じなくなることが多いでしょう。

閾値が低い敏感な状態でも、何度も感覚が同じ刺激を受けていると、閾値が上がって少しずつ鈍感になっていきます。

このプロセスを、専門的には「順化《じゅんか》」と言い、要するに「慣れる」ということです。

© poosan/PIXTA(ピクスタ)

しかし、**またしばらく同じ刺激を受けていないと、今度は閾値の感度がだんだん下がっていき、再び敏感になっていきます。**

満員電車での不快感を思い浮かべるとわかりやすいと思います。

上京して最初に満員電車に乗り始めたときには、周りの人の荷物や体が自分にほんの少し当たるだけでも、それだけですごく不快に感じる人が多いです。

しかし、そうした状態が毎朝繰り返されていると、いつの間にか、多少体や鞄が触れたところで、気にもならなくなってきます。満員電車の刺激に慣れることで、閾値が上がったのです。

ところが、数年のあいだ地方に転勤することになり、数年後に戻ってきて再び満員電車に乗り始めたときには、しばらくのあいだ、はじめて満員電車に乗ったときのように不快感を感じるはずです。同じ刺激をしばらく受けていなかったので、閾値が再度下がったということです。

子どもの適応力を引き上げられる

そもそも、なぜ慣れによって閾値が変化するのか？

もし閾値が変化しなかったら、日々の生活のなかで同じようなことが起こったときに、いちいちはじめて起こったことのように脳や体が反応してしまうからです。

これでは、ちょっと刺激を受けるたびに脳内世界が大騒ぎになってしまいます。慣れによって閾値を変化させるのは、学習によって現実世界に適応するという、人体がもともと持っている重要な働きのひとつなのです。

子どもの閾値をうまく調整して、苦手を乗り越える手助けをすることは、さまざまな状況へ自由自在に対応する**子どもの「適応力」を高める**ことでもあります。

これこそ、毎日子どもに接している親にしかできないことです。

〔閾値が低く敏感すぎる場合には、小さな刺激から少しずつ慣らして閾値を上げていく〕

前庭感覚の閾値のラインが低すぎる場合には、ほんの少しの揺れにも反応してしまう敏感な状態になっています。そのため、**最初はごく小さな刺激を与えて、その子の脳が「揺れた」と感じる程度でやめることを繰り返しましょう。**

ブランコはそもそも不安定に大きく揺れるのを楽しむ遊具なので、最初は避けて、まずは室内で「お馬さんごっこ」をしてみます。子どもを親の背中に馬乗りにさせ、ゆっくりと前後に歩いてみましょう。

このとき、子どもがしがみつかずに乗っていられる限度が、その子の「揺れた」の閾値のラインです。

そのラインがわかったら、その範囲内で前後に揺らして遊ぶことを、しばらく繰り返します。

親からすると、ほんの少ししか揺らしてていないので「こんなんじゃ、楽しくもなんともないんじゃないか？」と思うかもしれませんが、ここは子どもの脳内世界を体験するつもりで合わせてみましょう。

しばらくすると、少し急に動いても平気になってきます。閾値が上がったのです。

次の段階として、**急に動いても大丈夫な範囲を探りながら、無理をしないように少しずつ閾値を上げていきます。**

お馬さんごっこで急に動いても怖がらないようになれば、ブランコに再挑戦してみます。この段階で、おそらくは自分で座イスに座って、少し揺らすことくらいはできるようになっているはずです。

そのまま小さな揺れで遊ぶことを繰り返していれば、しだいに大きな揺れも楽しめるようになっていきます。

ただし、焦りは禁物です。あくまでも本人がイヤがらない範囲で、少しずつ順化させてあげましょう。

このようなアプローチは、いわば少しずつ閾値を上げていく「**ボトムアップ作戦**」です。

このようにして脳内世界と現実世界の「揺れ」の感覚のギャップを、埋めていってあげればいいのです。

〔閾値が高く鈍感な場合には、ほかの感覚の助けも借りる〕

反対になかなか揺れを感じられない場合には、一見体を揺らしすぎているように見えても、本人の脳的には、むしろまだまだ揺れが不十分な状態です。

このように閾値のラインが高すぎる場合には、その閾値を少しずつ下げるよりも、ほかの感覚も組み合わせて使い、全体でバランスをとって行動を変える、というアプローチが有効です。

前庭感覚の場合なら、**体が揺れたときには単純に揺れた情報だけでなく、脳内世界で揺れたときの筋肉や皮膚の反応、見え方の変化を統合して、最終的に「揺れた」という情報がつくられる仕組みになっています。**

そこで、揺れを感じやすくするのではなく、筋肉の感覚や視覚の情報を使って「まっすぐ」の感覚をよりわかりやすくすることで、脳内世界と現実世界とのギャップを少なくすることができます。

さまざまな感覚を複合的に使うので、その詳しい方法については、次の固有感覚や視覚のところで改めて紹介します。

ちなみにこちらは、先ほどのボトムアップ作戦とは反対に、最終的な望ましい脳内世界からつくっていくアプローチなので、「**トップダウン型**」の作戦と言えます。

怖くないよ～
ホーラ
イエーイ♪
ブランコに再挑戦！

Check!

子どもの力を引き出す5つの感覚

その②

固有感覚（筋感覚）

あ〜
こぼさないで！
お行儀
悪いぞー
背筋を
ぴーんとしようね
変な歩き方
しないで！
ちゃんと
歩きなさい！
うちの子って
ホントにおっちょこ
ちょいなのよね…

筋肉は、脳に体の動きを知らせるセンサー

次に紹介する感覚は「固有感覚」です。

この感覚の名前もあまり耳慣れないと思います。この場合の固有とは「individual」の和訳で、何かを見たり、聞いたり、触ったりしなくても、自分で体を動かすだけで脳に情報を伝えることができる――外の世界とは「独立して」、自分だけで情報をつくり出せる感覚、という意味です。

「**深部感覚**」と呼ばれることもあります。

専門的な表現なので、かなりわかりづらいと思います。ここではもっと単純に、**筋肉が動いたかどうかを脳に伝える「筋肉の感覚（筋感覚）」**だと理解してください。

筋肉は、主に体を動かすための器官として認識されていますが、実はほかにも、重要な役割を持っています。**体の動きを脳に知らせるセンサー**としての役割です。

たとえば、右手の親指を立てて「いいね」の形をつくって、目を閉じてみましょう。

この状態で他人に右手を動かされても、目を閉じたまま、自分の左手で迷うことなく右手の親指をつかむことができるはずです。これは、専門的には「拇指《ぼし》探しテスト」と呼ばれる、固有感覚を調べる検査です。

目で見ていないのに、手がどの方向に動かされたのかがわかるのは、手の動きを担っている筋肉

が「いま、手がこっちの方向に、これくらい動いた」という情報を脳に伝えているからです。
筋肉は、目や鼻、耳、舌や皮膚などと同じように、感覚器官のひとつであることを知っていてください。

〈子どもの脳をのぞいてみよう〉
姿勢が悪いのは「体の動き」を感じられていないから

では、この固有感覚の閾値が高すぎる状態、つまり筋肉の詳細な動きが脳に届けられない状態になっていると、どんなことが起こるでしょうか?

とてもわかりやすい例は、**姿勢が悪くなる**ことです。

親が子どもを見て「姿勢が悪いな」と感じるとき、子どもの体はあごが上がっていて、胸よりも肩が前に出ていて、お腹を突き出し、足の小指側に体重が乗っています。

——こんな姿勢をしていたならば、その子の固有感覚の閾値は高すぎで、体の動きがちゃんと脳に伝えられていないのではないか、と考えます。

子どもの姿勢が悪いのは、必ずしも「礼儀がなっていない」ことや、「行儀が悪い」「ダラダラし

た性格だから」といったことが原因ではなく、筋肉から送られる情報が不十分なために、脳が「いまの体の動き・状態」を正確に把握していないことが原因である場合も多いのです。

そして、これはなにも子どもに限ったことではありません。私たち大人も、日々体を動かしていますが、常に自分が思ったとおりに体を動かせているわけではありませんよね?

たとえば、玄関のカギを取り出そうとして、バッグのなかからカギを取り出す途中で落としてしまった。あるいは、歩いていたらタンスの角に足の小指をぶつけた。

こうしたことも、私たちの筋肉が「いまの体の動き・状態」を正確に脳に伝えられなかったことが原因となって起こっているのです。

固有感覚は、私たちが正確に行動するためになくてはならないものですが、状況や場面で閾値が変化するなかで、その感度が一時的に悪くなって、問題を引き起こすことは大人でも普通にある、ということを理解してください。

子どもの姿勢を、「固有感覚の閾値の高さ」という生理学的な視点で見直してみましょう。すると、姿勢の悪い子を見かけたとき、頭ごなしに叱ってしまうことがなくなります。

叱られたぐらいで姿勢がよくなるならば、そもそも、その子の姿勢は崩れないはずです。ここでも結果だけを変えようとせず、原因から変えていく視点が役立ちます。

そうは言っても、子どもの姿勢の悪さをそのまま放置しておきましょう、ということではありません。

姿勢が悪いと脳の働きが悪くなってしまいます。筋肉は、脳の命令どおりに体を動かしているだけでなく、脳の働きにも密接に関係しているからです。

子どもがスッキリした頭で勉強や遊びに集中できるように、その下地となるよい姿勢をつくる手助けをしてあげましょう。「よい姿勢」とは、**その動きに必要な筋肉がしっかり働いていて、不必要な筋肉が余分に働くことがない**、ということです。

〈子どもの脳をのぞいてみよう〉

手足の一部を固めているのも、固有感覚の刺激不足のサイン

冒頭のマンガで、つま先立ちをして歩く子や、歩行時につまずきやすい子を紹介しましたが、これらもその子の固有感覚がつまく働いていないときの典型的な〝結果〟です。

つま先立ちで歩いていると、それだけ筋肉を使っているのだから、固有感覚の情報は脳にしっかり届けられているのではないか、と思ってしまいそうですが、実はこれは反対。

体の一部を固定するように力を入れているのは、固有感覚からの情報が不足しているサインです。

みなさんも普段、鞄を持つ手を必要以上に握りしめていたり、パソコンでの作業中に歯を食いしばっていたりすることがありませんか？

実はこれも、固有感覚の情報不足を補おうとしている脳の反応です。

体に余分な力が入る理由は筋肉からの情報不足

運動不足で筋肉をしっかり使っていないと、固有感覚の閾値が高くなり、体の動きに対して鈍感になります。脳は、体がどんな動きをしているのかよくわからなくなります。

体の動きを把握できていないと、どこにどのように力を入れるべきなのかもわからないため、うまく指示を出すことができません。結果、体を上手に使えなくなります。

体は本来、骨盤を中心に軸が固定されていて、手足がそこにくっついていて自由に動く仕組みとなっています。しかし、**脳がこのように体の動きや状態を把握できない状態になると、体の中心軸**

を定めることもできなくなります。

すると**脳は、それでもなんとか姿勢を保つために体の一部、特に末端に力を入れることで、体を固定しようとする**のです。これが、つま先立ちや手の握りしめ、Tシャツの襟口を噛んだりする行動の原因です。

また、**体の中心軸が定まらないまま末端に力が入っていれば、当然、全身の動きもギクシャクしたものになります。**そのためにつまずきやすくなったり、階段から落ちたり、すぐに物を壊してしまったり、といった様子が見られるようになるのです。

これらは子どもの不注意なのではなく、子どもが感じている体の動きについて、脳内世界と現実世界でギャップが大きい状態なのです。

大人の場合、こうした状態になると、肩こりや頭痛、運動不足で体がだるいなどといった形で違和感を自覚するのですが、子どもの場合、特に年少児でははっきりとした違和感を表現できません。「なんとなく落ち着かない」ということを言葉にできる子もいますが、**多くの場合は親に抱きついてきたり、くっついてきたり、布団の下にもぐって挟まろうとする、といった形で固有感覚の情報不足を少しでも解消しようとします。**

また年齢が高い場合には、**爪を噛む**、**強すぎる筆圧**、**貧乏ゆすり**などといった行動として表われてきます。

脳はある感覚の情報が足りないときには、別の感覚でそれを補おうとする

忙しいときに、子どもが抱きついてきてなかなか離れないでいると、親は「いつまでも、赤ちゃんみたいにしないで」などと言ってしまうこともあるかもしれません。高学年の子どもの爪噛みや貧乏ゆすりにイライラすることもあると思います。

しかし、子どもが抱きついてきたり布団に挟まったりするのは、**触覚のうちの圧迫される感覚「圧覚」を使って、固有感覚の不足分を補おうとしているから**です（触覚については次項で詳しく解説します）。爪噛みや貧乏ゆすりも、同じように別の感覚の刺激で固有感覚の不足を補おうとするものです。

このように説明されると、「なんだ、そんなことだったの?」と、自分がイラだっていたのが滑稽《こっけい》に思える人もいると思います。

私たち親が、子どもの行動に「イヤだな」「やめてほしいな」と思ったときに、「これは、子どもの脳が情報不足を補っているのだ」という視点が持てると、無駄にイラだつ必要がなくなります。

その次には、「じゃあ、どうすればこの子の脳に詳細な体の情報を届けてあげられるのかな」と、自然に前向きな考えが浮かんでくるはずです。

「まねっこ遊び」で、自分の体の動きを確認させる

では、どのように子どもの固有感覚を調整してあげればよいのでしょうか?

それを実践するには、まず、筋肉が情報を脳に伝える仕組みについて簡単に知っておく必要があるので、もう少しお付き合いください。

筋肉は繊維（筋繊維）でできていて、その繊維同士がスライドし、伸びたり縮んだりすることで機能しています。

そしてこのとき、**繊維同士のスライドの刺激、つまり繊維同士がすり合わさることによる刺激が、神経をとおして、情報として脳に届けられる**仕組みになっています。

こうした仕組みが、固有感覚の閾値の高低にも関係してきます。

仮に、**子どもの筋肉がしっかり発達していないと、筋肉の繊維同士がスライドしたときの情報量が少なく、しっかりと神経に伝わりません。**神経が情報を伝えられないので、脳も体の動きをうまく感じられません。

これこそ、姿勢が悪い子どもが、自分がどれだけ悪い姿勢をしているのかになかなか気づけない理由です。

みなさん大人も、リラックスしてダラダラしているときには、自分がどんな格好をしているのかあまり気にしていないし、イメージしようとしてもできないと思います。休日、最大限にリラックスしているときに、急に鏡や動画で自分の姿を見せられたら、自分の姿勢にビックリするでしょう。

筋肉は、その働きが少ないほど閾値が高くなります。つまり、動きを感じにくくなります。そうすると、多少体が動いたぐらいでは、脳に「いま、体が動いたよ！」という情報を正確に伝えることができなくなるのです。

一方、**筋肉が鍛えられて発達していると、筋肉の繊維も増えて、スライドしたときに神経に伝えられる情報量も増えます。**これならば、筋肉が少し動いただけでも、その動きを脳にしっかり伝えることができます。

結果、脳内世界で自分の体の動きを正確にイメージすることができるので、脳もそれだけ正確に、活発に働くようになるのです。

先ほど例に挙げた、カギを落としたり、タンスに足の指をぶつけたりする現象は、自分の脳内世界での体の動きと、現実の体の動きにギャップがあるときに発生します。

筋肉をしっかりと鍛えていれば、固有感覚の閾値が低くなって体の細かい動きもしっかり感知できるので、そうした失敗も減るし、普段の姿勢も改善されます。**固有感覚のバランスの悪さは、筋肉の働きを鍛えることで直せるのです。**

9歳くらいまでの子どもには筋肉痛がない!?

とはいえ、これは小さい頃から筋力トレーニングをしましょう、という話ではありません。

たとえばひじをゆっくり曲げるとき、私たちはひじを曲げる筋肉だけを使うのではなく、伸ばす筋肉も同時に使って、少しずつ動きを調整しながら体を動かしています。このとき、目的であるひじを曲げる筋肉を「**主動筋**」と言い、調整する側に回る伸ばす筋肉を「**拮抗筋**」と言います。

微妙な力の調整をするには、主動筋が動いているときにも拮抗筋が同時に働いて、主動筋の勢いをゆるめる必要があります。

この主動筋と拮抗筋を、同時にうまく働かせることができるようになるのは、9歳くらいからだと言われています。

またこの頃からは、運動したあとに筋肉痛を自覚するようにもなります。逆に言うと、**9歳くら**

いまでは筋肉痛を感じないのです。

筋肉痛を自覚するときに運動をすることで、傷ついた筋繊維が増えようとする働きを利用するのが「筋力トレーニング」です。しかし、9歳以前にはそもそも筋肉痛がありませんし、体の操作もまだ完全にできるようにはなっていないので、こうした筋力トレーニングを行う必要はそれほどありません。

○自分の体はいろいろなところが動く、ということを知るのが大切

それよりも大切なのが、**たくさんの種類の体の動きを経験する**ことです。

はじめて手足が動く人形を手にしたとき、子どもは「ここも動く。ここはこんなふうに動く」と、確かめるようにさまざまな関節を動かします。

これと同じように、**まずは自分の体はどこがどんな動きをするのか、実際に体を動かして確かめさせてみましょう**。そうすると、それぞれの動きを担当している筋肉を使うことになるので、これまであまり使われていなかった筋肉を鍛え、固有感覚に与える刺激を増やすことができます。

〔まねっこ遊びで子どもの固有感覚の伸びしろを探る〕

たとえば3歳くらいの子どもは、指や手を変な形に動かしては、相手にも「これ、できる?」と

話して競い合うように遊ぶことがあります。これは、自分の体の動きが、どんな仕組みで実現しているのか、その因果関係に気づき始めたサインです。

普段の姿勢が悪い子や、体の使い方がギクシャクしている子には、この遊びをまねたゲームをしてみましょう。親子で向かい合って、子どもにでたらめに動いてもらい、それを親がまねする、というゲームです。

親が簡単にまねできないように「でたらめに動いて」と言っても、いざ子どもにやらせてみると、ジャンプしたり手足をばたつかせたりするだけで、単純な動きしかしない――そんな様子が見られたら、**その子の固有感覚にはまだまだ伸びしろがたくさんある**ということです。

自分の体がどんなふうに動くのか、それを発見していくと、その動きを担当する筋肉が発達して、より詳細な動きの情報が脳に届けられます。

そうすれば、ギクシャクした動きはスムーズになり、姿勢の悪さや、固有感覚の情報不足を補うための気になるクセなども改善していくでしょう。

そしてこれは、第5章でお話しする「運動好きで、活発な子」になるためにも、非常に重要なポイントとなります。

お相撲ごっこで「押す」動きがわかる

筋肉をしっかり使う遊びやスポーツをして、体の動きの情報を脳に知らせ、脳内世界での自分の姿をよりわかりやすくしてあげる、というアプローチもあります。

家庭でもっとも簡単にできるのは、「お相撲ごっこ」です。

〈お相撲ごっこで、体の動きの組み合わせを経験させる〉

やることは単純です。親子で押し合って、おなじみのお相撲をするだけです。

しっかりと相手を押すためには、先ほど述べた主動筋と拮抗筋を同時に使うことが必要です。力の支点と作用点の関係がわかりにくい、物を振り回したり叩いたりする運動に比べ、押す運動ではこれらがはっきりしているので、固有感覚の感度を上げ、閾値を下げて体の動きにより敏感な状態を導くのに適しているのです。

さて、固有感覚がしっかり使えていない子の場合、お相撲ごっこで相手を押しているうちに、腕を上げたまま回転してしまい、背中向きになってしまうことがあります。これでは全然押したことになっていないのですが、本人はそのことに気づいていません。

なぜなら、**相手を「押す」には、自分の体のどこに力を入れればいいのかがわかっていない**からです。

このような場合、日常の場面でも力の加減ができず、お友だちを強い力で叩いてしまったり、物を壊してしまったりする、ということもよくあります。

こうした場合には、**動きにかかわる関節が多すぎることが、原因のひとつになっています。**

どのようにすれば上手に体を動かせるかは、その動きにかかわる関節が多いほど、わかりにくくなります。お相撲ごっこで相手を手で押すとき、その動きにかかわる関節は、指や手首、ひじ、肩、腰、ひざ、足首、足の指などです。たくさんあって、固有感覚に苦手さを抱えている子には最初は難しいのです。

そこで、もしうまく相手を押せない場合には、まず子どもに両足で踏ん張ってもらい、子どもの頭や肩を押してあげることから始めましょう。

子どもに手を使わせないことで、かかわる関節の数を減らします。

体に重みがかかると足に力が入る、という関係を経験させたら、次はそのまま、子どもに頭や肩だけで押し返してもらいます。

かかわる関節を少しずつ増やしていくのです。

これもできたら、最後は手で押させるというように、段階を踏みながらお相撲ごっこをしていけば、子どもも大人も楽しみながら、子どもの固有感覚を調整してあげることができる、というわけです。

子どもの不自然な体の動きに気づいたときに、何度もしてあげるとよいと思います。

おすもうごっこ
アレ？アレ？
それじゃあ全然押せてないよ～
おっ強いな！
次は頭も使って押してみろ！
その次は手も使ってみるか？
やったね！
えーい
わー

Check!

子どもの力
を引き出す
5つの感覚

その③

触覚
（体性感覚）

キャー
風邪を引くからこれ着てってば
なんで言うこと聞かないかな!
風邪引くって言ってるでしょ!
それで仕事いけなくなって困るのは私なのよ〜〜
お出かけも…
ヤダ!
ピッタリだから買ったのに!
来年にはサイズが合わなくなるのよ? もったいないじゃない
夫も…
なんでコレ着てくれないの?
せっかく買ったんだから着てよ!
いや ちょっと それは…
なんでみんな言うこときいてくれないの〜〜

触覚はなくすことができない感覚

3つ目の感覚は、おなじみの触覚です。専門的には「**体性感覚**」とも言います。

私たちがひとくちに「触覚」と呼ぶ感覚は、実はさまざまな感覚の複合体であることがわかっています。

何かに触ったことを感じる本来の意味の「触覚」はもちろん、圧迫されているかどうかを感じる「**圧覚**」、痛みを感じる「**痛覚**」、熱い・冷たいを感じる「**温度覚**」、震えを感じる「**振動覚**」、物の形状を細かく判定する「**二点識別覚**」など、多彩な機能を持っています。

これらの多様な感覚の複合体である触覚、**その最大の特徴は「なくすことができない」こと**です。

視覚や聴覚などの感覚は、目や耳をふさいだりすることで、一時的になくすことができます。しかし触覚は、肌が何かに触れている限り、常に脳に情報を送り続けています。仮に何にも触れていないように見えても、空気には触れていますから、空気の流れや気圧、その温度や振動（つまり音）を感じています。

いつでも24時間365日、私たちの脳に情報を送り続けているのが触覚なのです。

赤ちゃんが胎児の頃から発達していく段階においても、内臓感覚の次に獲得するのが触覚であり、それだけ**根本的なところで、私たちの脳の働きを支えてくれている感覚**と言えます。

そして、体中がこの触覚のセンサーになっています。

たとえば成人では、手だけでも触覚に関係する神経が2万本弱も配置されており、その一つひとつが1メートルくらいの長さを持っています。これだけ多くの神経が、常に脳へと情報を届けている、人体に備わった最大の情報収集ネットワークが触覚です。

肌は心に直結している

さて、この触覚は、私たちの脳のなかで意外な部分にも大きく関係しています。

それは、**精神や心理などのメンタル**です。

触覚とメンタルが深く関係しているというのは、意外に感じられることかもしれません。しかし、これはかなり古くから知られていることです。

たとえば、こんな実験があります。

被験者をふたつのグループに分けて、手の甲に触覚刺激を与えました。

ひとつのグループには毛の長い筆でスベスベした感触の刺激を与え、もうひとつのグループには紙やすりでザラザラとした感触の刺激を与えました。そして、被験者とは関係のないふたりの人物が、チャットでやり取りをしている文章を読んでもらいます。

この文章は、読み方によっては仲がよいふたりの会話のようにも読めますし、とげがあるギスギスした会話にも読めるものを選択してあります。

手の甲へ触覚刺激を与えたあとに、両グループの人たちにこの会話を解釈してもらったところ、紙やすりでザラザラした刺激を与えられたグループでは、絵筆でスベスベした刺激を与えられたグループより、「ギスギスした会話だ」という評価をした人が多かった、というものです。

同様の実験で、温かい飲み物を手に持っている人のほうが、冷たい飲み物を持っている人よりも、相手との会話にやさしさや温かみを感じることも明らかにされています。

日常生活でも、お風呂に入っているときなどに同じようなことを感じた経験があると思います。**子どもと一緒に入浴すると、普段よりも素直に話ができたり、より親密な時間をすごすことができる**、というものです。

これは、水圧によって触覚のうちの圧覚が、またお湯の温かさによって触覚のうちの温度覚が適度に刺激されることによって、親子双方が相手を普段より親密に感じるという現象です。

自分で閾値を変更できます

このように、触覚は私たちのメンタルと強い関係を持っています。そのためか、**自分で意識することで、閾値をかなり大きく変化させられる**、というほかの感覚にはあまり見られない特徴も持っています。

先ほど、好きな人に触れられることや満員電車の不快感を例に挙げて説明しましたが、対象を意識することで触覚の閾値は低くなり、より敏感に感じるようになります。

これを自覚的に行うこともでき、たとえば細かい作業に集中したり、慎重に物を取り扱おうとするときには、「指先の神経に集中する」ことで触覚の閾値を低くできます。

また逆に、触覚に意識を向けないようにして「何も感じないようにする」ことも、ある程度は可能です（先ほど述べたように、完全になくすことはできません）。

汚い物を持たなければならないときとか、満員電車のなかなどで、こちらも経験があるのではないでしょうか？

筋肉の感覚である固有感覚や、揺れや加速度などを感じる前庭感覚では、こうした意識的、かつ一時的な閾値の変更はほとんどできないことを考えれば、触覚の特殊性がわかると思います。

実は、**触覚の持つこうした特徴を逆に利用することで、親が子どもたちの健やかなメンタルをつくることもできます。**メンタルをコントロールすることはなかなか難しそうですが、触覚を変えることならできそうです。

メンタルの変化と触覚の変化は相互に関係しているので、触覚のほうを先に変化させることで、健やかなメンタルをつくっていきましょう。

〈子どもの脳をのぞいてみよう〉なぜ、新しい服を着ようとしないのか？

138ページの4コママンガのように、理屈で説明しているのに、子どもが新しい服を着ようとしない、という経験をしたことがある親御さんは多いと思います。

寒いだろうし、せっかくお金をかけて買ったものだし、と合理的に考えれば、新しい服を着ないのはおかしなことなので、ここでもやはり、親はつい「本当に言うことを聞かない子だ」と思ってしまうかもしれません。

しかし、ここにも生理学的な理由が隠れています。その理由を知れば、ずっとラクに、子どもが感じている問題を乗り越えさせてあげることができます。

触られるより、自分で触るほうがわかりやすい

こうした状況のとき、大きく関係しているのは、子ども自身がその服の感触を選んだわけではない、ということです。

触覚は、相手から触れられる受け身のもの（パッシブタッチ）と、自ら触る能動的なもの（アクティブタッチ）が、神経レベルで分かれています。

受け身で触れられた場合には、脳のなかの一次感覚野の3a野、3b野、1野、2野という部位が働きますが、自ら触った場合、つまり自分の体の動きを伴っている場合には、主に2野だけが働く、というように大きく異なります。

自ら触るアクティブタッチは、脳のリハビリテーションでも頻繁に活用されています。この場合、自分から物を触っているので、手を動かす固有感覚と、それによって対象に触れた触覚を統合した感覚が得られます。

また、アクティブタッチは自分が動いたことで生じた触覚なので、脳にとってはとてもわかりやすい感覚でもあります。

私たちの脳は「わからない」ことに対してストレスを感じます。いま、自分に何が起こっているのかがわからないと、体に対して的確に命令を出すことができないからです。

自ら触るアクティブタッチは情報量が多く、能動的でもあるため非常にわかりやすい刺激です。アクティブタッチで、脳が自分の体と、体に触れている物との関係をわかると、より精度が高い動きを命令することができるのです。

子どもが、親が買ってきた新しい服をなかなか着ようとしないときには、それは触覚への未知の刺激を受け身で感じる状態を、本能的に避けているせいなのかも、と考えてみてください。

自分で選ばせれば受け入れやすい

こうした仕組みがわかれば、この問題の解決策も簡単にわかります。

つまり、自分で触って服を選んでいないために「受け身の刺激」になってしまっているのですから、**服を選ぶときには、できるだけ子ども自身にも触らせるようにしてみてください。**

自分で能動的に触れた感触が脳に伝えられていれば、脳はその服を着たときの状態を予測できるので受け入れやすく、自発的に新しい服を着るようになります。

子どもの脳にわかりやすい情報を届ける、ということを中心に考えてみれば、無理やり服を着せる苦労からも解放される、というわけです。

デジタルをOFFにして、触覚をONにする

前述したように、さらに一歩進んで、触覚を利用して子どものメンタルを好ましい方向に変えていくこともできます。

自ら物に触れる機会を増やせば、それだけその子の脳は、次の展開を予測することができるので、ビクビク、オドオドしにくくなります。

そのための方策はふたつ。

ひとつは、**視覚の使用が中心になるスマホやパソコン、携帯用ゲームなどのデジタル端末から脳を開放してあげること。**

もうひとつは、**食事の準備など日常の場面で、いろいろな物に触れてみる**ことです。

それぞれ解説していきます。

〈視覚情報だけでは、脳は現実世界がわからない〉

私たち親の子ども時代と、現在の子どもたちの世代で決定的に違うのが、スマホやパソコン、携帯用ゲーム機などのデジタル端末の存在です。

自分たちが子どものときに、いまのようにデジタル端末に囲まれていたら、どんな自分になっただろうと思いますか?

いまよりもかしこくなっていたでしょうか?

集中力や我慢強さはどうでしょうか?

難しいと思いますが、子どもたちの健やかな脳をつくっていくために、想像してみましょう。

私たち親の世代は、子ども時代にさまざまな物に触れる豊かな触覚体験を持てました。無意識のうちに、子どもにもそれがあることを前提にしてしまうのですが、子どもたちには、この前提がありません。

実際の物に触れる機会が少ないと、脳内世界で利用できる情報が乏しくなります。**子どもたちの脳内世界にあるのは、それに触れたときの表面の質感や重さ、硬さ、温度などの情報がない、ほぼ視覚だけの情報**……すると、どうなるでしょうか?

現実の世界は視覚情報だけではとらえられないので、脳内世界と現実世界のギャップが大きくなり、脳が「わからない状態」になりやすくなります。**視覚だけでは対処できない状況になると、ストレスや不安、恐怖を感じて、能動的に行動できなくなってしまう**と想像できると思います。

脳内世界にリアルな情報を届けるために、あえて触覚を使う機会をつくっていなければならない——これが、いまの子どもたちが置かれている状況です。

子どもたちが、この状況をうまく成長に結びつけていくために、私たち親は「子どもが自ら触覚情報を増やしていける環境」をつくってあげましょう。

まずは、**子どもの脳を視覚情報から解放**してみましょう。

脳は、テレビのリモコンやスマホなどを見ると、自然に手を伸ばして使います。脳にとって、見てしまってからその行動を止めるのは、新しい行動を企画して命令しなければならないので、とても負担が大きいことです。つまり、**脳に見せてしまったらもう手遅れ**です。

そこで、スマホやゲームを使ったあと、決まった場所に置く。これを親子でチャレンジしてみましょう。

これらの物がどこにでも置いてある環境から、使うときには定位置に取りに行かなければならない環境に変えると、テレビやスマホを見る前に「間《ま》」ができるので、脳が反射的にリモコンやスマホに手を伸ばすことを防げます。

親も一緒にチャレンジすることで、これらの物を定位置に置けば行動がコントロールでき、置かなければコントロールできなくなる、ということを実感できます。子どもの意思の力や性格ではなく、これは脳の仕組みによることなのだと理解できるはずです。

〔豊かな触覚刺激を得られる家事の手伝い〕

次に、**さまざまな物に自ら触る機会をできるだけ増やし、触覚への刺激の種類を増やしていきましょう。**

と言っても、わざわざキャンプをしたり、海に潜ったりといった「特別な体験」を求めなくても大丈夫です。日常生活のなかでも豊かな触覚体験ができるチャンスはたくさんあります。

たとえば**料理の手伝い**です。

野菜や魚、肉といった食材を触ったことがないまま、食事をしている子も多いと思います。子どもは料理を手伝うことで、食材のさまざまな質感、重さ、温度などを感じることができます。食材に触れていれば、脳はその質感が予測できるので、ついでに嫌いな物を食べるストレスも少なくなります。

あるいは、**お風呂掃除**や**ベランダ・庭の掃除**などで、ヌルヌルした汚れの感じや湿り気、植物や砂ぼこりの感覚を感じさせてもいいでしょう。

洗濯物を干す手伝いをさせて濡れた衣類の感触を感じさせたり、**洗濯物の取り込み**を手伝わせて、お日さまにたっぷり当たって、ふんわり乾いた洗濯物の感触を経験させてあげましょう。

忙しい生活のなかで、毎回子どもに家事の手伝いをさせるのは面倒に感じることも多いと思います。

しかしそれが、子どもが積極的な行動をできる脳をつくることになり、結果的に、親が世話を焼かなくても自分で動ける子どもへと育っていく一助になると考えれば、多少の面倒でも、あえてひと手間かける意味は大きいと考えてみましょう。

休みの日や、時間に余裕のある日だけでもよいので、子どもと一緒に料理をしたり、掃除や洗濯をしたりして、子どもが能動的に、さまざまな物に触れる機会をつくっていきましょう。

ゲームは
スマホや
使ったらもとの場所に戻して……
キッズコーナー
この服どうかな～？ちょっと触ってみて
わーヌルヌルしてる～
着替えよ～
はーい

Check!

子どもの力を引き出す5つの感覚

その④

視覚

本を読んでいるときは姿勢よくしましょう
いちいち頭を動かしてたらニワトリになっちゃうよ?
上昇中…
ブーン
タイミング合わないんでしょ?
アレ?
あたるハズ……?!
やっぱ私の子だわ…

目を向けるだけで、正確に見えるわけではない

4つ目の感覚は視覚です。

「視覚」と言っても、本書で扱うのは視力検査で測る「視力」ではありません。本書では**「視知覚」**に注目します。

目の奥の網膜から入った映像の情報は、脳の一次視覚野に届けられて、後方連合野という部位でほかの感覚情報と合わさって、脳内世界の映像をつくります。これを「視知覚」と言います。いわば、脳で見た映像です。

そして脳で詳細な映像がつくられるには、**対象をしっかりとらえる目の動き**が必要です。**子どもが何かに目を向けているからといって、子どもの目がその対象をしっかりとらえているとは限りません。**手足の動きに比べて目の動きは自動的なので、うまくできていて当たり前という印象があると思いますが、目の使い方もまた学習によって習得していくものだからです。

私たちの目は、8つの筋肉と3つの神経によって、全方向に動く仕組みになっています。

右の4コママンガは、本のページが変わるごとに頭を動かしてしまう子どもを紹介しました。本来は頭を動かさなくても目の動きだけで物を見ることができるのですが、**目をうまく動かせていないと、それを補うために反射的に頭が動いて、それによって物をしっかり見ようとする**のです。

これは無意識で行われる反射なので、本人は頭を動かしていることに気づいていません。そのため先生が注意したところで、頭を動かしてしまうことは変わりません。**頭の動きを止めたいのであれば、その子の目の使い方から変える必要があります。**

○――それぞれに使われる場面が異なる

目には、大きく4つの動かし方があります。まずは親子で向かい合って、それぞれの動きを試してみて、4つの動きをお互いに確認してみましょう。

〔①　上下に移動する物を見る目の動かし方〕

人差し指を数字の1のように立てて、頭の上のほうから、ゆっくりとまっすぐに下へ移動させます。その指の先端を、相手に頭を動かさずに目だけで追わせてみましょう。

同じように、下から上もやってみましょう。ゆっくり8秒数えるくらいのスピードでやると、目の動きを感じやすいです。

〔②　左右に移動する物を見る目の動かし方〕

今度は右から左に向けて水平方向に指を移動させ、それを目で追わせてみましょう。

これも8秒数えながら、ゆっくりと右から左へと、また左から右へと、両方向にやってみましょう。

〔③　両目で奥行きを見る目の動かし方〕

今度は自分ひとりで両手を使い、人差し指を顔の前で前後に並べます。

頭を動かさず、奥の指と手前の指を何度か交互に見てみましょう。ピントの合わさる距離が、前後に変わる様子を体験できます。

〔④　焦点を当てたり、周辺を見たりする目の動かし方〕

自分の人差し指を顔の前に持ってきて、まずは指の先端を見ましょう。次に、頭を動かさないまま、指の周辺の風景を見てみましょう。指を見て、次に周辺を見ることを繰り返してみてください。

いかがでしたか？

「①　上下に移動する物を見る目の動かし方」は、**バトミントンやバレーボールで高く上がったボールにタイミングを合わせるとき**や、**縄跳びなど自分の体を上下させるとき**に使われます。

何度やってもタイミングが合わないから、これらのスポーツは好きじゃないと思っていた人は、①の目の動かし方をトレーニングすると、もっと楽しめるようになるはずです。

スポーツをしているときほど大きな動きではありませんが、**縦書きの本を読んでいるとき**にもこの目の動きを使っています。

「②　左右に移動する物を見る目の動かし方」は、**両手でなんらかの作業をしているとき**に頻繁に使われます。

右手で持った物を左手に持ち替えたり、左から右に向けて（あるいは逆方向に）物を移動させるなど、私たちは日常のさまざまな作業を両手で行っています。そうした作業を支障なく行うためには、左右の方向への動きを目で追う動きが欠かせません。

いままで「自分は不器用だ」と思っていた人は、この左右の目の動きをトレーニングすると、両手で作業することが、それほどストレスなく行えるようになります。

また②の目の動きも、①の動きと同様に、**本や文字を読むとき**にも使われます。ほか、**スマホやゲームをしているときなど画面を見ている場面**でも、この目の動きは頻繁に使われています。

たとえば、本を読み進めていくたびに頭が横にずれるように動いてしまう子どもは、この左右方向の目の動きが上手に使えていません。

「③　両目で奥行きを見る目の動かし方」は、前からくる車に合わせて道路の脇によけるなど、**人**

や物が自分に向かってくるときに、その対象と自分との距離を推測することに使います。

子どもの場合なら、ドッジボールなどで飛んでくるボールにタイミングを合わせて、上手にキャッチするときなどにも必要です。

この奥行きを見る目の動きは、スマホやゲーム機などの画面ではほとんど使いません。この点が、私たちの子どもの頃といまの子どもたちの視覚体験での大きな違いになっています。

「④ 何かに焦点を当てたり、周辺を見たりするのを切り換える目の動かし方」は、**焦点を当てて見ているときに細部を観察して、周辺を見ているときにはざっくりと場の雰囲気をつかむ**ことに使います。

焦点を当てて見る動きを「**焦点視**」、周辺を広く見る動きを「**周辺視**」と呼びます。のちほど詳しく解説しますが、この焦点視と周辺視の切り替えは、私たちの脳の働きに、想像以上に大きな影響を与えています。

これら4つの目の動きは、トレーニングで上達させることができます。

試してみてやりにくい動きがあった場合には、第4章以降で詳しく紹介するトレーニングに挑戦してみてください。

〈子どもの脳をのぞいてみよう〉

なぜ、頭を動かしてしまうのか、なぜ、タイミングが合わないのか

上下でも左右でも、物の動きを追うときに目を動かすと、頭も一緒に動いてしまう子がときどきいます。黒板の縦書きの字を読むとき、縦に頭を動かしながら読んだり、食事をしていて右にある物を食べようとするとき、頭や体も右に動いてしまう、という感じです。

この様子を親から見ると、「落ち着きがない」「姿勢が悪い」ように見えます。そのためにイライラしたり、心配したりしてしまうこともあるかもしれません。

でもこれは、**目を上下や左右に動かすときに、「どうすればいいのかやり方がわからない」、または「目だけを動かしにくい」のいずれかの理由で、目がしっかり動いていないことを補うために、頭も動かして見ているだけ**です。

○――目の動きを使って、脳は自分の居場所を確かめている

どのみち見えているのだから同じだろう、と思う人もいるかもしれませんが、このふたつの見え

方は、脳内世界ではずいぶん違います。

①の上下に目を動かす場合を例に考えてみましょう。**頭を上下に動かしながら物を見ると、物は常に視界の中心に見えています。**

一方、**頭を動かさずに目だけを上下に動かして物を見ると、まっすぐ前を見ているところを中心として、「それより上」「それより下」という位置情報が加わります。**自分よりどのくらい上、どのくらい下という、物と自分との位置関係がわかるようになるのです。

この情報が正確に脳に伝わっているかどうかがわかりやすく示されるのが、先ほどのバトミントンやバレーの例です。

目を上下に動かすことで、ボールが自分の視界の中心からどのくらい上にあるかが脳内世界で描かれます。それができて、はじめてボールにタイミングを合わせて腕を振り抜くことができます。

しかし、頭を動かしてボールを見ていると、自分との位置関係を知るための中心がないので（常に中心なので）、ボールが高く上がっているタイミングでもつい腕を振ってしまうのです。

そしてこれは、上下の動きだけでなく、②の左右の動きでも同じです。

目の動きを頭の動きとは切り離して、目だけで物の動きを追うことは、自分と物の位置情報を脳に知らせ、脳内世界に空間情報をつけ加える大事な役割をしている、ということです。

〈子どもの脳をのぞいてみよう〉
何もないところで周囲の物や人とぶつかり、ひらがなや漢字の書き順が覚えられない理由

自分と物の位置情報のなかでも、距離を測る役割を担っているのが、③の「両目で奥行きを見る目の動き」です。

私たち人間の目は、両目が前についています。

草食動物は両目が横についているので、片目ずつ違う景色を見ていて、視野はものすごく広いものの、距離を測るのには適していません。

一方で、獲物を狩る肉食動物は両目が前についていて、視野を狭める代わりに、獲物との距離を測ることに特化しています。

私たち人間の目は肉食動物と同じように顔の前についています。そうなっているそもそもの理由も、肉食動物と同じく、奥行きを見て対象との距離を測るためであると考えられています。

ところが、この**「奥行きを見る目の動き」をしっかりと習得する機会が、テレビやパソコン、ス**

マホなどの画面の登場によって急激に失われています。これらの画面は、たとえ奥行きがあるように見えても、実際には同じ距離にある画面上に映像が映し出されているだけです。そのため、目が奥行きを見て、距離を測る必要がないのです。

先ほども述べたように、私たちが子どもの頃に比べ、私たちの子どもたちは生まれたときから、何倍も頻繁に画面を見る環境のなかで生きています。それだけ、奥行きを見る機会、つまり脳内世界で距離を測る機会が減っていると言えます。

いろんなところにゴツゴツぶつかる理由とは

このように奥行きを見る機会が減ると、どんな不具合が生じるでしょうか?

日常の場面でよく見られるのが、**歩いていてタンスの角に足をぶつけたり、ドアや壁に肩をぶつけたりする**ことです。

これは、現実世界における自分の体の動き・位置と、脳内世界でイメージされた自分と物とのあいだの距離に、ズレがあるために起こります。

特に、歩きにくいような狭い場所もないし、飛び出ている障害物があるわけでもないところなのに、周囲の物や人といつもぶつかる――こうした子どもの行動は、「本人の不注意」として片づけられてしまいがちですが、頻繁に見られる場合には、③の両目で奥行きを見る目の動かし方をチェックし、練習してみましょう。

○――ひらがなや漢字の書き順がどうしても覚えられないのもこのせい

また字を書くときにも、この奥行きを見る目の動かし方は影響しています。

たとえば、ひらがなで「あ」を書くときに、横棒の上に縦棒を書くと、横棒の上に縦棒が重なります。これも奥行きを見る目の使い方によって、はじめて脳内でイメージできるようになることです。そのため、**奥行きをうまく見ることができていないと、文字の書き順をしっかり理解することができません。**

横棒のあとで縦棒、というように順番に書くことをいくら教えても、その子の脳内世界では「あ」という文字の形が、ハンコやパソコンの画面の文字のように平面でイメージされているので、字の見本をなぞっても、下から縦に線を引いていって、重なっているところでいきなり左に曲がってしまったり……といった感じで、本来の書き順のルールではありえない書き方をしてしまうのです。

ほかにも、**ひとりで上着を着たり、ボタンをとめたりすること、蝶結び、球技**などなど……。

年齢によって、さまざまな場面で奥行きを見なければならない課題が登場します。

「なんで、うちの子はこんな簡単なことができないんだろう?」と疑問に思ったとき、それが立体的な課題で、奥行きを見る必要があることだったら、原因は才能や「落ち着きのなさ」、「不注意な性格」といったことではなく、視覚に関連した目の動き、特に奥行きを見る目の動きがうまくできていないのではないか、と考えましょう。

こうした場合には、奥行きを見る目の動きを改善することで状況が大きく変わることがあります。

〈子どもの脳をのぞいてみよう〉

「人の話を聞かない」「空気が読めない」のも目の使い方に原因が⁉

何かを熱心に観察しているときには考えに行き詰まっていたのに、ちょっと休憩をしようと、トイレに向かって歩いていたらひらめいた、という経験はありませんか？

これは、ひらめきには気分転換が大事ということではなく、**目の動きによって脳の働きが変わったことで引き起こされる現象**です。

何かを観察しているときに使われるのが前述した「焦点視」であり、歩いているときに使われているのが同じく「周辺視」です。このふたつに関係する目の動きは、④の「何かに焦点を当てたり、周辺を見たりするのを切り換える目の動かし方」です。

焦点視をしているときには、脳では「**実行系ネットワーク**」という神経回路が働いています。

実行系ネットワークは、注意、集中、記憶などの機能をつかさどり、脳の外に対して働きかける役割を持っています。脳が外の世界に働きかけて、なんらかの作業をするときに使われる神経回路なので、いわば「外向きのネットワーク」です。

一方で、周辺視をしているときの脳では、「**デフォルトモードネットワーク**」という神経回路が働いています。こちらの神経回路には、ぼんやりしているときなどの安静状態になると、活発に働き出す性質があります。

デフォルトモードネットワークが働いているときには、脳は外からの情報を処理するのではなく、主に脳内にすでにある情報を処理しています。先ほどの実行系ネットワークが外向きネットワークならば、デフォルトモードネットワークは「内向きネットワーク」です。

脳は、このふたつの神経回路を使い分けています。**外向きネットワークで情報を集め、内向きネットワークでその情報をまとめることで、ひらめきを生み出しています。**

そして同時に、**このふたつのネットワークが切り替わることによって、私たちの脳は現実世界と脳内世界とのギャップを埋めています。**これは、いま目の前で何が起こっているのかを知り、その場に合わせた行動を選ぶために必要な働きです。

ところが、これらふたつのネットワークがそれぞれ過剰に働いて、バランスが崩れてしまう場合があります。

焦点視で実行系ネットワークが過剰に働くことで、よく知られているのは「自閉症」です。

細部の観察には卓越した能力を発揮しますが、周辺視が使われることが極端に少ないことから、場面の雰囲気をざっくりとつかむ「空気を読む」ことや、他人の行動の意図を汲《く》んだり、深読みをしたりすることが苦手です。

一方、周辺視でデフォルトモードネットワークが過剰に働くことで、よく知られているのが「統合失調症」です。

焦点視を使うことが極端に少なくなり、物の形状や人の表情の変化など、細部の情報が得られず、情報の不足を補うために脳内で幻覚や妄想を生み出して、脳内世界のほうが現実世界よりも強いリアリティを持つようになります。

ここに挙げた自閉症と統合失調症というふたつの例は、焦点視と周辺視のどちらかに、生活に支障をきたすレベルにまで極端に偏ってしまった場合の話です。

しかし、たとえそこまではいかないレベルであっても、**目の使い方がどちらか片方に偏りすぎているると、脳はそのバランスを取り戻そうとして、もう一方の目の使い方をするよう体に強制的な命令を出します。**

たとえば、スマホやゲームなどの画面を見ているときには焦点視が使われていますが、それがあまりに長時間に及ぶと、その反動で強制的に周辺視が使われるようになります。

すると、人と会話をするときなど、本来なら相手の表情を焦点視によって観察しなければならない場面であっても、周辺視が使われることになってしまいます。

この状態を親が横から見ると、子どもが相手の表情に注目せず、ボンヤリとほかのことを考えているように見えたり、生返事を繰り返しているように見えたりするのです。

目の前のことに集中すべき場面と、脳内の情報をまとめて相手の意図を汲んだり、相手の立場に立って考えるべき場面の切り替えがスムースに行われなくなると、「人の話を聞いていない」「場の空気が読めない」と思われてしまいがちです。

しかしこれも、大もとの原因をず～っとたどっていくと、目の使い方がうまくできていない、という生理学的な問題が大きく影響しているのです。

「昔ながらの遊び」と「間違い探し」でそれぞれの目の動きを鍛える

ここまで、視覚の働きを支える重要な4つの目の使い方を見てきましたが、このように細かく分解して考えてみると、あることに気づきます。

それは、昔ながらの遊びが担っていた科学的な意味・役割です。本当にびっくりするくらい、目の動きのトレーニングに的確に使えるからです。

〔昔ながらの遊びで、上下左右、奥行きの動きを自然に鍛える〕

たとえば、誰もが遊んだことがある「**あっち向いてホイ**」は、相手が指す方向を見極めようとする目の動きと、同じ方向に頭を動かしてしまうと負けます。

勝つためには、相手の指をよく見ながらも、それとは別の方向に頭を動かす必要があり、これは目と頭の動きを切り離す効果的なトレーニングです。

①や②の目の動きが上手にできず、本や文字を読むときに頭を一緒に動かしてしまう場合や、球技でうまくボールにラケットなどを当てられない場合には、「あっち向いてホイ」をするとすぐに負けてしまいます。そこで、目と頭を別に動かしてみることを説明し、ゆっくりやってあげると、徐々に負けないようになります。

ほかにも、先ほどから説明している4つの目の動きのうち、①〜③までの動きは、次のような昔ながらの遊びで、自然に鍛えることができます。

① 上下を見る目の動き　→　けん玉、ヨーヨー　など
② 左右を見る目の動き　→　おはじき　など
③ 奥行きを見る目の動き　→　あやとり、折り紙　など

〈視点の切り換えを繰り返し練習できる「間違い探し」〉

このほか、④の「何かに焦点を当てたり、周辺を見たりするのを切り換える目の動かし方」については、昔ながらの遊びというわけではないのですが**「間違い探し」や「隠し絵」が訓練に最適**です。

絵の全体を見渡しながら、細かい部分にも注意を切り換えていかないといけないので、焦点視と周辺視の切り換えのトレーニングに大いに役立ちます。

○――**思い込みから脱却しよう**

もし、これらの遊びのなかで、親自身が「これは苦手なんだよな～」と昔から感じていたものがあったとしたら、それは、親自身にも目の動きに「苦手さ」があったためなのかもしれません。

親の自分は苦手なのに、子どもには上手な動かし方を教えなければならない、というときには、最初に少し自分でも練習して、目の準備運動をしてから取り組んでみると、意外にうまくできるはずです。

そうすると、子どももそうですが親も、「私はこれが苦手なんだ」「こういう遊びは性格的に向いていないんだ」と思い込んでいたことが、あっさりと変わってしまうことがあります。**生理学的な子育てをしていると、親自身も、自分で自分を決めつけて、さまざまな可能性を狭めていたことに気づける**のです。

これで目の動きがよくなるといいなぁ…
ゆっくりやるよー
あっちむいて
ホイ!!
できた!
む……難しいよ
上から見て奥の糸をとってね
つい昔を思い出して夢中になっちゃう~
銀の犬…
じ~
銀の犬…
(さがしもの絵本)
あれコレじゃない?
おー
フンフン♪
ゆれてない♪
うまくいったね♥

Check!

子どもの力を引き出す5つの感覚

その⑤ 聴覚（言語）

えーい
叩く
まねだけ
だよ?
痛いから
やめなさい
えーい
えーい
パシ
パシ
自分も
叩かれないと
わからないのか!

○ 言葉の理解は、まずはまねることから始まる

最後は聴覚です。もちろん、これは耳で音を聞く感覚です。

ただしここでは、単に音を聴くことではなく、**子どもの行動を変えるために、どんな言葉を子どもの聴覚をとおして脳に伝えていけばいいか**、という視点で見ていきましょう。

たとえば、子どもが遊びで家族を強い力で叩いてしまうとき、「やめなさい、痛いでしょ」と口で言っても、叩くのをやめないことがあると思います。

こんなとき、「口で言ってわからないなら、自分も痛い目を見ないとわからないだろう」と発想してしまうのが、体罰のきっかけです。

親子の健やかな関係を築くためには、お互いの言葉を理解し合うことがとても大切です。

親が口で説明しても、子どもがやめようとしない理由を生理学的にとらえ直すことで、体罰よりももっとスマートな方法で、こうした子どもの行動を解消することができます。

〈子どもの脳をのぞいてみよう〉

なぜ、口で言ってもわからないのか

実は、人間の脳で言葉をつかさどる部位は、サルの脳では相手の動きをまねする部位に該当します。そのため、**私たち人間が言葉を獲得したその起源は、相手のまねをすることから始まったのではないか**、と考えられています。

そこで、子どもが言葉の能力を獲得していく段階のベースにある、「まねをする」ことを使って、脳内に動作のイメージをつくることから始めてみましょう。

まずは動作をまねさせるところから

やることは簡単です。子どもに、親の手の動きをまねさせてみましょう。

強く叩くのではなく、やさしく叩くというのは、こういう動きなのだと実際にやって見せます。

ただし、このときにはちょっとしたコツがあります。それは、**子どもと向かい合わせにはならずに、必ず横並びになる**こと。

子どもと向かい合うと、子どもの脳内世界では親のしぐさの情報をいったん脳内に取り込み、頭のなかでその情報を左右に反転させなければなりません。この働きは「**メンタルローテーション**」

と呼ばれるものですが、これは、子どもにはかなり難しい課題だからです。

トレーニングしだいではすんなりとできるようになるのですが（↓310ページの「回転お絵描き」）、最初に子どもにまねをさせたいときには、課題を必要以上に難しくする要素は省くようにしたほうがいいです。

子どもと横並びになったら、子どもの手をとって大人が勝手に動かしたりするのではなく、「この手を見ててね」と言葉で注目させてから、ゆっくりと叩く動作をしてみてください。

親は、「見ればわかるだろう」とか「状況から判断できるだろう」などとつい思ってしまいますが、子どもははっきりと指示されないと、どこに注目すればよいかがわからないこともあるので、**必ず、どこを見てほしいのかをひとことつけ加えてから始めます。**

そして、「◯くんも、こんなふうに手を動かせる？」などと問いかけて、子どもが同じように動かすことができたら、さらに「まねして動かしてみて、どんな感じだった？」と問いかけてください。

○――義務にしてしまったら苦痛になる

あくまでも、ここでの目的は「子どもが脳内世界にイメージをつくる能力を高める」ことである、という点に注意してください。

親が「こうやってやるんだよ」と〝指示〟をしてしまうと、それは子どもにとっては「親の言う

とおりに動く」受動的な動作になってしまいます。睡眠についての第2章や、この章の触覚の項でも少し触れたように、脳は受け身でやらされたことについては、少しでもつまずくとストレスを感じて、やる気をなくしてしまいます。それではいけません。

そうではなく、「こうできる?」と声をかけることで、子どもが自分で、イメージどおりに体を動かしてみよう、という能動的な姿勢を引き出します。

たとえば、手伝いをさせて野菜の切り方を教えるときは、相手が動作をイメージしやすいように横並びになってやってみせて、「こうできる?」と声をかけると思います。やめてほしい動作を教えるときも、これと同じようにやればよいのです。

また、**動いたあとに「もうわかったね?」と声をかければ、動きを「覚える」ことになりますが、「どんな感じだった?」と感想を聞けば、子どもの脳内ではその動作のつくり方を振り返り、再現できるようになります**。これによって、より能動的に行動を変えられます。

受動的に動作を覚えさせると、たとえその場では修正されても、別の場面には応用されません。しかし、能動的に行動を変えることができれば、さまざまな場面で応用できます。

これは、さまざまな場面で子どもに何かを教えるときにも共通して役立つ方法です。言葉で伝わらない、と思ったら、ベースのまねをさせるところに戻って、そこから相手の脳内に動作をつくる。

そして、子どもに何かを教える場面では、ぜひ、覚えさせるというより「その子自身が能動的に動ける脳」をつくるつもりで臨んでみてください。

そうすれば、どんなことでもより効率的に、子どもと通じ合うことができます。

まねができれば言葉も通じる

このようにしてさまざまな動きを子どもにまねさせることを繰り返していくと、しだいに、子どもが脳内世界で、相手の動きを再現する力が鍛えられていきます。

すると、言葉での意思疎通、つまりは言葉での脳内イメージの共有も、少しずつできるようになっていきます。

体罰なんかに頼らなくても、言葉だけで子どもとしっかり理解し合うことができるようになるのです。

親の言葉は、子どもの力を引き出す最強のツール

すでに少し言及してしまいましたが、親の側の声かけの仕方を変えるアプローチについても、もう少し詳しく説明しておきましょう。

親が子どもに何かを教えようとしたときに、「伝わらない」と感じることがよくあります。

せっかく親が子どもの能力を引き出そうと、これまでにお話ししたそれぞれの感覚について、閾値を調整したりトレーニングをしようとしても、「こうやってやればいいんだよ」と一方的に伝えるだけでは、子どもはなかなか自発的に対応してくれません。

親の側も意識を変えて、**言葉で行動を変えさせるのではなく、言葉を使って子どもの脳内のほかの感覚を補う。そうすれば、脳が「わかった」となり、能力が引き出せる**、と考えてみましょう。

たとえば、前庭感覚の閾値が高すぎて、体の揺れを感じにくい状態にあるために、食事中に体を揺らしてしまう子がいるとします。

この子に「グラグラ動かないで！」と言っても、またすぐに体を揺らし始めてしまいます。そうではなく、「何秒体をまっすぐにしていられるか、お父さんと競争しよう」などと言って、「1、2、3・……」と親が数え始めれば、その子は親をまねて、自発的に体をまっすぐに保とうとするでしょう。

また、筋肉の固有感覚の閾値が高すぎて、自分では力を入れている感覚が感じられない子がいるとします。お相撲ごっこをしても、うまく力を入れることができず、相手を押そうとした勢いで体が反転して、後ろ向きになってしまうような子です。

そんなときには、「もっと押してみろ」と親があいまいな指示をするのではなく、「足の親指のつけ根で、ぐっと地面を蹴ってみて」と具体的な声かけをし、親が見本を見せてみると、子どももそれをまねして、体に力が伝わってしっかり押すことができます。

こんな感じで、やってほしい動き方に必要な感覚に注意させます。

これらは、**前庭感覚や固有感覚ではうまく脳が情報を受け取れないので、その補助として「言葉」を使って動作を成立させた**、ということです。

前庭感覚がしっかり感じ取れる子と同じようにまっすぐ座っていますが、その子の脳内世界では、前庭感覚からの情報をもとに体の動きを脳が命令しているのではなく、「まっすぐにする」という知識から、脳が命令しているのです。

「表面的にそれらしいふりをしているだけ」とも言えるのですが、**ふりをしているうちにしだいにその感覚の閾値が調整され、必要な情報を感じられるようになる**ので、それでも有効なのです。

これは私たちの体が自然に持っている能力で、脳内の使いにくい神経配線を、ほかのルートで迂回してつなぎ直す「**モダリティ間促通法**」という働きを利用した方法です。

手で触れてもわからないときには、目で見て、まねて同じ動きをする。

これは、触覚の代わりに視覚を使ったということですが、これを何度か繰り返すことで、脳内では新しい迂回ルートが配線され、しだいに手で触れただけでも感覚がわかるようになっていく……こんな感じで、能力を開発していくのです。

言葉が迂回ルートをつくる

こうした**迂回ルートを配線するのに、特に言語は重宝します**。

言語能力が高まるほど、この「言語で迂回ルートをつくる方法」を使えるようになります。

迂回ルートは子どもの脳内ですぐにつくられますが、このルートが頻繁に使われて主要なルートに昇格しなければ、これまたすぐに、「**刈り込み**」という別の脳の働きによって消去されてしまいます。

刈り込みとは、脳の神経細胞が不必要につながりすぎると情報伝達の効率が悪くなるので、あまり使われていないつながりを取り除いていく、という脳の働きです。

そうした刈り込みを避け、迂回ルートを主要なルートに変更させるための仕上げが、「で、やってみたらどんな感じだった？」と問いかけることです。

自分の体で起こった感覚を言葉にすると、子どもの脳内世界では、それまでは「なかった」感覚が「ある」感覚に変わります。脳はあるかないか、白黒をはっきりさせる性質があるので、いったん「ある」ことになれば、その次からは「ある」ことが前提になります。

そこでさらに、「次はどんなふうにやってみる？」と子どもに聞くと、子どもはその迂回ルートを使ったときの感覚を再び得ようと、自発的に動き出す、というわけです。

新しい動作を覚えるときには、この最後の仕上げをしてあげましょう。

3ステップで、ラクラク主要ルートへ昇格させる

神経の配線は、よく電線にたとえられます。電線に分岐点がある場合、そのうちの片方に電気が流れると、電気が流れたほうの電線には微弱な電気が残り、次に電気が流れるときには、その電気が残っているほうに引きつけられて、そちらのほうに多く流れるという性質があります。

これと同じように、一度使われた神経には微弱な電気が残っているので、もう一度その神経に電気がとおれば、その神経は必要なルートだと判定されて、刈り込みの対象から外れます。

すると、動作をするたびにそのルートが使われて、そのルートこそが主要なルートになり、もとのルートは刈り込みで消去されます。**脳内の配線が変わる**のです。

そして、いったん迂回ルートができたら、子どもに「どんな感じだった?」と聞き、「次はどうやってみる?」と聞く。

この3ステップで声をかけていくと、子どもたちの動作があっさりと変わります。

私たち親は、ちょっとした声かけで子どもの脳内に迂回ルートをつくることができます。それによって子どもの脳内の神経の配列を変え、気になる動作や行動を修正して、より望ましい才能や特性を引き出してあげることができます。

こうした素晴らしい力を持つ最強のツール「声かけ」を上手に使っていきましょう。

言葉は感覚へのアクセスコードでもある

ちなみに、**私たちが体験をとおして得た感覚は、すべて脳内に残っています。**

ところが、その感覚に普段は気づいていません。

もし、体験したすべての感覚に気づいていたら、脳内の情報はあっという間に容量オーバーになって、パニックになってしまうからです。そうならないために、得られた感覚のほとんどはスリープ状態になっています。

普段から主要なルートになっている感覚は何もしなくて感じられますが、これまで気をつけていなかった感覚も脳内には保存されていて、目的を達成するためにこれらの感覚が必要な場合もあります。

そんなときには、他人から「○○を意識してやってみて」という言葉でのヒントが得られると、その言語を頼りに、これまでは気づけていなかった感覚にたどり着くことができます。

そしていったんたどり着けば、脳内では「ある」感覚として主要なルートに格上げされます。

適切な言葉での声かけは、私たちの脳内に埋蔵された財宝のありかを記す、「アクセスコード」にもなるのです。

「答えは自分のなかにある」などとよく言われますが、自分のなかにある答えにたどり着くためには、他人から新しい言葉や語彙《ごい》、概念、イメージをもらうことが必要です。

このように考えれば、親が子どもにどんな言葉をかけるかで、子どもの成長の仕方が大きく変わる、ということをさらに深く理解できるでしょう。

5つの問いかけで「メタ認知」を育てる

ここまで述べてきたように、言語能力が発達する小学生後半くらいになれば、言語を使った迂回ルートでどんどん脳内の配線を変えていくことができますし、言語によって、目的を達するための重要な感覚に気づくこともできます。

「言語を使う」と言うと特別なかかわり方をしているようですが、**子どもと会話をするだけ**です。毎日のちょっとした会話だけで、子どもが勝手に成長してくれるので、とっても省エネな方法です。

最後に、こうした会話の際に意識しておくと、さらに役立つ「5つの問いかけ」を紹介しますので、これらの問いかけも使いこなして、子どもの脳内の配線をより好ましい方向へ、どんどん変えていってください。

〈1　確認をする質問〉

「それってどういう意味なの？」
「それって、たとえばどういうこと？」

子どもが話した言葉を、もう少し別の表現で詳しく話してもらいましょう。

この質問で、子どもは**自分が使った言葉をいったん客観的に見て、同じ意味を違う言葉で説明しようとします**。それによって子ども自身の脳内世界の理解が多角的になり、イメージも明確になります。

〔2　もっと考えさせるための質問〕

「それって、○○とはどう違うの？」

「もし○○なら、どうなるの？」

子どもは、自分に起こった出来事を理解したつもりであなたに話していますが、その**理解したつもりを、明確な「わかった状態」にすることが大切**です。

そのためには、ほかの経験で得た感覚と比べたり、置き換えてみたりすることが役立ちます。

感覚は、「それより強い」「もっとこんな感じ」といった比較対象があると、よりその情報を明確に理解できます。

子どもは自分で話しながら、「なるほど。そういうことか」と、さらに自分への理解を深めるのです。

〔3　突っ込んだ質問〕

「へー、何それ？」

「それ、面白いね」

会話のメリットは、**注意を向けるべきところを誘導し合える**ことです。子どもの思考が散在しているなかで、焦点を当てるべきところにあなたが反応すれば、おのずと子どもの脳内での情報整理ができ、重要な感覚を選んで残すことができます。

反対に不要なルートを刈り込ませることもできるので、ぐるぐる悩んでしまっていたり、どうでもよいことを気にしてしまっている状態から、親の声かけでほかの考え方に注意を向けさせることも、子どもの脳の助けになります。

〔4　ヒントとなる質問〕

「〇〇ってどう思う？」

「△△は何に使えるかな？」

これは、子どもの考えが及んでいないことについての質問です。

迂回ルートづくりというよりは、新たなルートの開拓です。

子どもが自分なりにしっかり考えたと思っていることでも、子どもが見落としていることや思いつかなかったことを親が質問したり、立場を変えて考える機会を与えてみるように意識しましょう。

こうした質問によって、**子どもは「絶対にそうだ」と決めつけていた自分の考えからいったん離れ、別の可能性を見つけることができます。**

先ほども述べたように、子どもが体験した感覚はすべて脳内に残っているので、まだ気づいていない感覚にアクセスできるよう上手に誘導してあげてください。

〔5 メタ認知的質問〕

「で、どんなことがわかったの？」

「これからどうするの？」

直接的に、自分を外から見る質問です。こういう質問のことを「**メタ認知的質問**」と言います。

メタとは「高い次元の」という意味で、「メタ認知」とは、自分のことを自分で観察する能力を指します。

「自分はわかっていない、ということがわかっている」というように、**自分を外から観察することができれば、さまざまな場面に柔軟に対応できます。**

この質問をうまく使えば、子ども自身が、自分の脳を自分で操縦することができるようになります。行動のなかでわかったことを言語化させてルートをつくり、そのルートをもとに次の課題に臨む。しかもその前に、どう臨むのか戦略を練る。こういった思考ができるようになります。親がそれを助けてあげることができれば、子どもが自ら、どんどん変わっていくようになるでしょう。

帰宅後の会話こそがチャンスタイム!

いかがでしょうか。もしこの5つの問いかけのなかで、あなたが普段からよく使っている質問があったとしたら、あなたは、すでに自然に子どもの脳内配線を変えています。

逆に、あまり口にしたことがない質問があったなら、今後、意識してその質問を使ってみることで、子どもがこれまでアクセスできていなかった感覚へ導くことができるでしょう。

学校から帰ってきて子どもが今日あったことを話すとき、「それはよかったね。でも、早く宿題をやっちゃってね」などとあっさりと流してしまうのは、とてももったいないことです。

そもそも宿題をするよう急かすのも、子どもの脳を成長させるため、と思えばこその言葉のはずです。脳の成長の絶好のチャンスである帰宅後の会話を、ぜひ、生理学的にもっと有益なものにしていってください。

手の動きを見ててね
①
②
①
②
どんな感じだった?
んー
なんかゆっくりだった
えーい
やられた~
当ててない

すべての感覚が完璧にならなくてもいい

これで、子どもの能力を引き出すのに特に重要な、5つの感覚についてすべて確認できました。

少々長くなったので、ここまでの話をまとめると、子どもの健やかな成長には次の6つのポイントがあります。

6つのポイントにまとめられる

- 寝不足でなく、しっかり目覚めている。
- 前庭神経の閾値が、高すぎでもなく低すぎでもない状態に調整されている。
- 体のどこに力が入っているのか自分で感じられる（固有感覚の閾値の調整ができている）。
- 自ら、いろんな材質・質感の物に触れられる機会がたくさんある。
- 上下、左右、奥行き、焦点視と周辺視の「4つの目の動き」がスムースにできている。
- 体験したことを、自分で言葉にして表現できる。

これらを満たす生活習慣がつくられていれば、特別なことを何もしなくても、普通に生活してい

るだけで子どもの脳はグングン成長していきます。

多少できないところがあっても大丈夫

ちなみに、すでにいくつか事例を出してきたように、**脳内世界の感覚はそれぞれが単独で働いているのではなく、お互いに足りないところを補い合っています。**ここまでは、結果としてうまくいっていない例をもとにお話ししてきましたが、それとは反対に、補い合った結果うまくいくこともあります。

たとえば前庭神経の閾値が低く、体の揺れを強く感じてしまう場合には、固有感覚の筋肉の動きで情報を補うことで、滑らかに動けるようになります。

あるいは視覚の目の動きに問題があって、物の動きを追うことが難しい場合には、聴覚を通じて言葉で知識を補い、親が口でリズムをつけてあげることで、苦手な目の動きを覚えさせることができます。

このように、たとえ本人が特に意識していなくても、脳内世界で問題のある感覚の情報を、別の感覚の情報で補って目的を達成している、ということは当然あるのです。

ここまで、個々の感覚を個別に取り上げて、それぞれの感覚の足りないところを改善する方法を確認してきましたが、それは、**すべての感覚が完璧に働いていないといけない、ということではない**ので、そこは改めて確認しておきましょう。

個々の感覚に細かく分解して、気になる行動の原因を考えるのは、子どもがうまくできない本当の原因がどこにあるのかを探り、そこまで戻って問題を解消することで、より望ましい方向へと子どもの行動を変えるためです。

それで問題が解消すればそれがいちばんいいのですが、ときには根本の原因の解消がなかなかうまくいかないこともあります。ただ、そんなときでも、別の感覚で足りない部分を補うことで気になる行動が変わるのであれば、それはそれで目的が達成されているので問題ありません。

誰にでも得手・不得手はありますから、親が完璧主義に陥ると子どもに不要なストレスを与えかねません。

子どもの脳はとても柔軟に成長していきます。思いもよらない場面で急に成長することもあります。そんなうれしいサプライズを楽しみにしながら、ベースとなる「きっかけ」をつくっていくようにしましょう。

エラーレスラーニングを意識しよう

省エネで成長するために

子どもの感覚を変えていこうとするときには、子どもがより効率よく学習できる方法も意識しながら、行うようにしてください。

一般に、新しいことを学ぼうとするときには、次のふたつの方法があります。

①失敗を繰り返しながら、何度もチャレンジして少しずつ上達していく方法

②当然できることだけをしながら、少しずつ難易度を上げていき、どこかの段階で失敗したらまたできる範囲に戻って、しばらくはそれだけを行う。これを繰り返して少しずつ上達していく方法

①は、試行錯誤を繰り返しながら、最初から高いゴールを目指して進んでいく方法で、苦しんだ分だけ達成感も大きく、できるようになったときの感動も大きいので、自分が成長した実感が得られやすい方法だと思います。

一方、②は専門的には「**エラーレスラーニング**（**誤りなし学習**）」と呼ばれている方法です。いきなり難しいことには挑戦せず、当然できるレベルのことから確実にマスターしていき、少しずつ課題のレベルを上げていく方法です。

前にも述べましたが、私はリハビリテーションの専門家です。リハビリテーションの分野では、各種の記憶障害の治療で、脳の成長を促す取り組みをすることがあります。

この種の治療では、19世紀までは単語を一度に50個覚えることを繰り返す方法がとられていました。「がんばればなんとかなる！」という感じです。①の方法ですね。

しかし、**この方法よりも②の方法をとるほうが、記憶力が向上することが研究によって明らかになり**、現在では②のエラーレスラーニングの手法で治療することがスタンダードになっています。具体的には、最初は5つの単語を覚えることから始め、覚える単語の数をひとつずつ増やしていく、という方法です。

「できる」を積み上げることで成長する

これと同じように、子どもたちが新しいことを学ぶときには、**エラーレスラーニングの手法を使ってみましょう。**

①の試行錯誤して高い目標のクリアを目指していく方法では、脳内世界と現実世界のギャップを経験のなかで自ら学びとり、そのギャップを自ら修正していくことが求められます。たとえばキャッチボールなら、なぜ落ちてくるボールが捕れないのか、何度もボールを捕ることを繰り返しながら、ボールを捕るコツを自分で見出していかなければなりません。

こうした方法で成長するには、それを習得したいという強い動機と、自ら課題を設け、うまくいかない原因と修正した結果を分析する力が必要です。**これが難しい子に①の学習法を強いると、つらい体験やうまくできない挫折感だけが残ってしまい、興味の幅が狭まってしまうことが多々あります。**

そこで、エラーレスラーニングに変えてみましょう。

落ちてくるボールをキャッチできないならば、ボールを持って上から下に動かし、それを頭を動かさずに目で追うところから始める。

それができたら、ボールが下に動くのに合わせてボールの下にいく……という感じで、ひとつずつ当然できるレベルにまで課題を分解し、それを積み上げていくことで、課題をクリアしていくのです。

○――スモールステップで確実にステップアップ

このエラーレスラーニングを上手に実践するためのポイントは、**当然できる範囲のなかで、もっとも難しい課題を設定する**ことです。

まず、子どもがどこまでできて、どこでつまずいているのかを見つけることが必要です。

そのためには、できるようになりたい行動を分解して、小さな課題に分けた「**スモールステップ**」をつくることが有効です。

このスモールステップは、本章でお話ししてきた5つの感覚を、ひとつずつチェックしていくとつくりやすいです。

まずは姿勢をチェックします。

子どもの体が、その作業や運動を始められる姿勢になっているか、子ども自身が、いまどんな姿勢をしているのかに気づけているかを、動く前にチェックします。

ここには、前庭感覚と固有感覚が関係しています。

次に、**じかに道具に触れたときの感覚をチェック**しましょう。

子どもにそれらの道具の硬さや重さ、温度、質感などを言葉で表現してもらうと、その道具の扱い方を脳内世界でイメージしやすくなります。

脳内世界でイメージしやすくなれば、脳はその道具を扱う動作を上手に命令できるようになるので、作業も上手にできるようになります。

そして、**目の動きもチェック**します。

子どもの頭が不用意に動いていないか、また子どもが対象をどのように見ようとしているかをチェックして、作業に必要な目の動きが苦手なようであれば、その動きだけを先に練習するようにします。

最後に、言葉での説明です。

目標としている作業で発生する因果関係を、理屈で説明して子どもに理解させます。

姿勢 → 感触 → 目の動き → 意味の説明

どんな作業でも、この4つに分解してスモールステップをつくり、少しずつステップを上げていけば、確実に脳内世界と現実世界のギャップを埋めることができます。子どもがうまくできない動作や作業を、ひとつずつ解消していけるのです。

次の第4章から、実践編として日常のなかで簡単にできる感覚のトレーニング法を紹介していきます。それらを試してみるときにも、こうしたエラーレスラーニングを意識し、また完璧主義に陥らないようにして、親子ともども楽しみながら、子どもの本来の力や、未知の才能を引き出していってください。

第4章

【実践編】「聞き分けがよく、落ち着いた子」を育てるためのエクササイズ12

子どもの脳をスパイラルアップで成長させよう

右肩上がりには成長しない

ここまで、どんなポイントに注目すれば子どもたちの感覚を変えられるか、また、その結果として彼らの行動をどのように変えられるかを紹介してきました。ここからはそれらを踏まえ、【実践編】として、「子どもに見られる行動」と「子どもの脳内世界」の感覚を結ぶエクササイズをいくつも紹介していきます。

ただし、これらのエクササイズを実践する際には、ひとつ意識しておくことがあります。

脳は、右肩上がりに一直線に成長していくわけではない、ということです。

親が働きかけを少し工夫したことで、いきなりやりにくかったことができるようになる、というものではありません。**基本的に、その子が苦手としていることは変わりません。**

右肩上がりの成長イメージを持っていると、「せっかく実践したのに、いままでと同じじゃん」とか、「ちっとも成長が見られない」などと、子どもに対してがっかりしたり失望したりする気持ちを抱きがちです。これは、成長するイメージが誤っているだけの「無駄ながっかり」です。

脳は、実践してみたことで得られた感覚で配線が変わります。このちょっとした変化が日常のなかで積み重なり、しばらく間をあけて、再び同じような場面に遭遇したときには、前よりも少し成長していた……こんな感じで成長していきます。

らせん階段を昇る際、1周回って同じ位置にきたときには、着実に前よりも高い位置にきている、といったイメージで理解してみてください。**脳は「スパイラルアップで**（らせん階段のようにクルクルと回るような形で）**」成長する**のです。

親はきっかけさえ与えればいい

脳は日常生活で行っていることのすべてから、これまでにお話ししてきた5つの感覚をとおし、絶えずさまざまな情報を得ています。そのなかには、いままでの生活では特に気づかれることもなく、ないがしろにされてきた感覚情報もあります。

親からの働きかけで、その感覚に気づくきっかけを与えられると、子どもの脳はその後、それらの感覚の情報もフル活用して、日常生活のすべてを材料として成長していくことができます。**ひとつのきっかけさえあれば、あとは子どもの脳が勝手にさまざまな情報を総合して、ひとりでに成長していってくれる**、というわけです。

ただこの際の脳の成長の仕方は、必ずしも当初、親が意図していた方向に伸びるとは限りません。

場合によっては**別の方向の能力が先に伸び、意図していたのとは違う行動が先に改善されることもあります。**

しかし、それこそが脳の成長の仕方です。全体的に見れば成長しているのは間違いありませんから、らせん状をイメージして、焦らずに長い目で見るようにしましょう。

○どこから始めても大丈夫

本書の役割は、**子どもの成長の基礎となる「生理学的な成長」をつくる**ことです。

脳の仕組みにしたがって一つひとつの歯車を噛み合わせていけば、いま取り組んでいること、たとえば習い事や学習塾など、すべてが有益な成長につながります。その**小さなきっかけを与えるのは、子どもたちと毎日の生活をともにしている、私たち親にこそ求められる役割**なのです。

ここからの【実践編】の内容を毎日の何気ない場面で使ってみて、子どもたちの生理学的な成長をどんどん実現していきましょう。

なお、この章以降の実践編の4つの章は、どの章のどの内容から実践していただいても大丈夫です。自分の子どもに見られる気になる行動が当てはまるものや、自分が取り組みやすいものから試してみてください。子どもの成長を発見する楽しみを感じながら、無理なく、楽しく取り組んでいきましょう。

① 前庭感覚を使ったエクササイズ

▼子どもに見られる気になる行動

電車に乗ると、落ち着きなく走り回ってしまう

▼気になる行動の原因は？

前庭感覚の閾値が高すぎて、電車の揺れに合わせて小さく体を動かせないので、倒れないように派手に体を動かしている

電車に乗ったときに子どもが走り回るのは、ほかの乗客の迷惑にもなるので、親としてはどうにかしてやめさせたいですよね。

しかし、怒鳴って叱っても、たいていの場合は逆効果です。

こんなときは、なぜ走り回るのかを生理学的に分解して考えてみることが役立ちます。

電車に乗っていると、子どもの体はガタガタと揺れますが、**前庭感覚の調整ができておらず閾値が高いままになっていると、電車の揺れによって生じた体の揺れや傾き、その強さやタイミングなどを、うまく感じられない状態になります**（ブランコの揺れを感じられない子を思い出してください）。

私たちは普通、電車に乗っているとき、揺れに合わせて小さく体を動かすことでバランスをとっています。体の揺れを感じにくいと、そのように小さく体を動かしてバランスをとることができないので、じっとしていると不意の揺れなどで転んだり倒れたりしてしまいます。

そうならないよう、**走り回ってあえて体を大きく動かし、前提感覚の閾値が高い自分でも揺れや傾きを感じられるようにして、バランスをとっている**、というその子なりの電車の揺れへの対処方法なのです。

ただ、この対処法では、周りの人に迷惑がかかってしまいます。

そこで、別の感覚を使って前提感覚の閾値を調整するエクササイズにすり替えて、電車内などの揺れる状況下でも、より落ち着いて行動できるようにしてみましょう。

簡単エクササイズ 一歩動いたら負けゲーム

電車のなかで子どもの両足を肩幅くらいに開かせ、手すりやつり革につかまらずに立たせます。「足の裏にのりをつけて、床にペタっと貼りつけたつもりでね」などと声をかけ、電車の揺れに身を任せてみましょう。

そのうえで、左右どちらかの足が一歩でも動いたら負け、とするゲームをします。

大人も一緒に試みつつ、子どもがバランスをとろうとして手を振り回したり、転んだりして周りの人にぶつからないように気をつけてあげてください。また、子どもが大声で悔しがらないように、ルールや勝敗は小声で伝えるようにしましょう。

慣れてきたら、ゲームをしながらさらにしりとりやクイズをしたり、雑談したりしてみましょう。

ほかのことに注意が向いていても、動かずに立っていられるようになったら、前庭感覚と固有感覚をバランスよく使って姿勢を保つことが、ずいぶん上手になっているということです。

②固有感覚を使ったエクササイズ

▼子どもに見られる気になる行動
牛乳を注ぐときに必ずこぼす

▼気になる行動の原因は？
筋肉の感覚（固有感覚）で重さを感じられていないので、力の入れ具合を間違っている

食事のときに飲み物をコップに注ぐと、必ずと言っていいほどこぼす子どもがいます。親は「何やってんのよ！　気をつけてって言ったでしょ！」とイライラさせられます。

なんでも自分でやりたい盛りの3歳くらいの子どもだと、手伝われるのもイヤがるので、余計に面倒に感じてしまいます。

あるいは学齢児の場合は、「こんなに行儀が悪くて大丈夫なのかしら？」とか、「なんでうちの子は、いまだにこんなこともできないんだろう？」と心配になってしまうこともあると思います。

これは、生理学的に見ると、実は**不注意や行儀の問題ではなく、固有感覚の問題です。固有感覚の閾値が高すぎて、牛乳の重さやパックの傾き、それに見合う自分の手の力加減や腕の動きなどを十分に感知できていないだけ**です。

よく考えてみると、牛乳パックは見た目はただの紙の箱です。なかにどのくらいの量が入っているか、見た目からはわかりません。固有感覚の閾値が高すぎて、手で物をつかんだときにその重さに気づくことができないのであれば、紙パックを傾けたときにこぼしてしまうのも当然でしょう。

そんな子どもには、物の重さに気づけるようになるためのエクササイズをしてあげると、こぼさないようになります。

簡単エクササイズ

重さ比べゲーム

お子さんに目を閉じてもらい、両手の手のひらをお皿のように前に出してもらって、片方にはブロックを、もう片方には同じ大きさの積み木を乗せて、「どっちが重い？」と聞いてみましょう。はじめのうちは、少し重い物で比べさせるのがわかりやすいです。

すぐに「こっち！」と答え、「そんなの簡単だよ」という感じなら、だんだん難易度を上げていき、同じくらいの重さの物を比べさせます。さらに、どんどん軽い物同士の比較にしていくと難しくなります。大人でも、コインくらい軽い物だと、違いがなかなかわかりにくいものです。

また、ブロックとお菓子など、触り心地がまったく異なる物同士の重さも比べさせてください。

大きさや材質を触り心地の触覚で判断することは、子どもの脳内ではよく行われているのですが、それ以外に「重さ」も感じられるのだということに、このエクササイズによって気づくはずです。そうしていったん「重さ」のセンサーにスイッチが入れば、牛乳などの物を持つときにも、より敏感に「重さ」に気づけるようになります。

簡単エクササイズ お風呂のなかで「重量比べ」

小さいお子さんなら、お風呂のなかでペットボトルやカップなど透明な器を使って、水の重さ比べをさせるのも固有感覚の閾値調整に役立ちます。

透明な容器なので、どのくらいのお湯が入っているかは見ればわかります。これは量（視覚）と重さ（固有感覚）をセットで比べていることになります。

すると、脳内世界でどれくらいの重さで、どれくらいの固有感覚への刺激があるかを比較しながら細かく把握できるので、重さへの意識が高まります。

脳内世界で重さに気づけたら、今度は、サイズや形が異なる容器でもチャレンジしてみましょう。見た目（視覚）とのギャップを使って、重さに対する意識をさらに高めていきます。

ジュース屋さんごっこをして親子で遊ぶのもいいですね。

③触覚を使ったエクササイズ

▼子どもに見られる気になる行動

そこら中の塀や柵を触りながら歩く

▼気になる行動の原因は？

触覚の感度が弱く、触った物の感触の区別がつきにくい状態なので、摩擦を使って触覚への刺激を強めようとしている

そこら中の物を触りながら歩く子はよくいます。親が「汚いからやめなさい」と言っても、なかなかやめてくれませんね。

私たち人間の指には、触り心地を感じる触覚のセンサーがたくさんついています。このセンサーには5種類あり、それぞれが別の触覚を分担して感じ取っています（すでに述べたように、触覚はさまざまな感覚の複合体です）。ちなみに、どんなセンサーがどんな感覚を受け持っているかは、以下のとおりです。

- 自由神経終末 → 「温かい・冷たい、痛い、かゆい」などを感知する
- メルケル細胞 → 凸凹や押されたときの圧力を感知する
- マイスナー小体 → ゆっくりした振動を感知する
- パチニ小体 → すばやく細かい振動を感知する
- ルフィニ終末 → 皮膚が伸びたことを感知する

まずは、塀や柵を触りながら歩く子どもの様子を思い出してみましょう。

すると、歩きながらずっと同じペースで物を触っているわけではなく、すばやく触ったり、ゆっくり触ったりと速さを変えて触っていることがわかるはずです。

触り方を変えることで、まるで何かを実験しているようですが、まさにそのとおり。これは、右で述べた触覚の5つのセンサーのうち、ゆっくりした振動を感知するマイスナー小体と、すばやい振動を感知するパチニ小体を刺激する実験です。

壁や塀を指でなぞりながら歩くと、壁と指との摩擦で指が振動します。この子どもは、こうした感覚を脳に入れて、触覚への刺激を補うことができるかどうか試しているのです。

振動を感知する感覚は、物を識別するときに必要です。私たちも、手ざわりのよいタオルなどに触れたり、洋服の素材を確かめたりするときには、指でこするようにしますね。ただ触れるのではなく、こすることで振動させると、その物の材質の情報がより明確に脳に伝わるからです。

これと同じように、**こうした行動をする子どもたちはいろいろな物を触り、その振動を感じることで、手触りで物を識別する能力をトレーニングしている**のです。

同様に、やたらに親に手を押しつけてくる子どもは、凸凹や圧力を感知するメルケル細胞を、やたらに自分の手をつねったりほっぺたを引っ張ったりしている子は、温度や痛み、かゆみなどを感じる自由神経終末と、さらに皮膚の伸びを感知するルフィニ終末をトレーニングしているのです。

「それはそうかもしれないけど、どうせなら、もっと別の方法でトレーニングしてほしいのよね」

――ということで、もっと文化的で、社会に受け入れられやすい方法で触覚のトレーニングを行う方法を紹介していきます。

ザラザラ、つるつる、さらさら、べたべた、ゴツゴツ、べちょべちょ、ひんやり……そんなさまざまな感触を感じ分けられるようになれば、子どもたちはさらに新しいことに挑戦できるようになります。ぜひ試してみてください。

もしも以下に紹介する触覚を使ったエクササイズを試したときに、子どもが眉間にしわを寄せたり、体をよじったりして予想外にイヤそうな素振りを示したら、それ以上、無理強いするのはやめましょう。

その子は、その感覚への閾値が低いので、あなたよりも強くその刺激が脳に伝わっているのです。

まずは、子どもが拒否反応を示さない触り心地のよい物から始め、少しずつ種類を広げていくようにするとうまくいきます。

簡単エクササイズ

手を使って料理をしてみる

料理のお手伝いは、日常生活のなかで、もっとも豊富な種類の触覚刺激を体験できるチャンスです。

まずは料理にとりかかる前に、材料に直接触れることから始めましょう。野菜だけでもさまざまな質感がありますし、同じ野菜でも泥がついているものとそうでないもの、新鮮なものと古くなっているものではずいぶんと触り心地が違います。肉や魚に触れば、さらに触覚の幅は広がります。

たとえば、野菜を指先でさすって洗うだけのお手伝いでも、「どんな感じ？」と聞いて触覚に意識を向けさせてあげれば、その子の脳内では詳細な触覚が体験されます。

葉物の野菜を粗くちぎったり、トマトのヘタを摘み取ったり、カニかまを細かく裂いたり、コーンをパラパラ散らしたりと、サラダづくりひとつとってもいろいろな素材に触る機会をつくれます。さらにお米を研ぐことや、ハンバーグをこねることに挑戦できれば、先ほどの５種類の触覚センサーすべてを使うことができるでしょう。

手で直接触ることに抵抗がある子であれば、最初はビニール手袋をはめたり、泡立て器やスプーンなどの道具を使ってもかまいません。

簡単エクササイズ

小麦粉粘土で触覚と視覚を一致

小麦粉粘土は保育園などでよく使われますが、自作することもできます。

粉に手を入れてかき混ぜ、そこに水分が入っていくときの感触の変化は、複雑な感覚でなんとも面白いものです。

さらに、あらかじめ赤や黄色の色素を混ぜておくと、水を入れたときの色の変化（視覚）もセットで脳内に届けられます。

手で混ぜるという自らの動きに合わせて、触覚と視覚が変化していくので、脳内世界でこのふたつの感覚を一致させる最適なトレーニングができます。

これは、目で対象物を見ながら、ていねいに物を扱うことの下準備になっています。

片栗粉の触り心地も、小麦粉とは少し違っています。両方を触り比べてみるのもよいでしょう。

粉の粘土は湿度が高いところに置くとカビが生えるので、冷蔵庫で保管すると、何度か繰り返して使えます。

簡単エクササイズ

粘土のなかの宝探しゲーム

粘土づくりをしたあとは、動物の形をつくったり、丸めておままごとをしたりするのももちろんよいのですが、触覚を使って物を識別する要素をちょっと足してみると、これもよい触覚のトレーニングになります。

粘土のなかにビー玉や大きめのビーズを埋め込んで、宝探しゲームをするのです。粘土のなかに別の感触の物体が埋め込まれていることを、自ら触れて識別することで、触覚のトレーニングができます。

子どもに物を隠してもらえば、自分からいろいろな素材の物に触れるので、楽しみながら触覚の種類が増やせます。

前項のエクササイズのように粘土づくりから行わなくても、100円均一ショップなどで売っている小麦粉や片栗粉の粘土を使ってこのゲームで遊ぶだけでも、充分に普段とは違う触覚を味わえます。

簡単エクササイズ ブラックボックスの中身を当てる

何が入っているかわからない箱や袋に手を入れて、中身を当てるゲームも触覚のトレーニングになります。

わざわざ、[illegible]じのおもちゃなど珍しい物を用意したり、マジックショーのような箱を用意したりする必要はありません。

買い物から帰ってきたら、スーパーの袋から物を出すときに、子どもに目を閉じてもらってはじめは袋を外から触らせて、何を買ってきたか当ててもらいましょう。

単に袋に入っている物の名前を当てさせるだけではなく、「どんな感じ？」と聞くようにすると、触覚を言語（聴覚）とセットで脳内に保存することができるので、より効率よく触覚を訓練できます。

目を閉じて、外側の感触から中身は何か、いくつ入っているのかを考えさせたら、次はそのまま袋のなかに手を入れて、買ってきた物に直接触ってもらいましょう。

買い物袋のほかにも、子どもの手の大きさならティッシュの空箱を使うこともできます。

なかに入れる物をひとつにして、持ったときの重さ（固有感覚）や、振ったときの音（聴覚）もヒントにしてみましょう。

もし、子どもが袋や箱に手を入れるのを怖がる場合には、あらかじめ入れるものを見せてから袋に入れてみると、スムースに挑戦できます。

いったん目で見た物を、目では見ないで触覚だけで触れることで、見た目（視覚）から触覚を分離して感じる体験ができます。

④ 視覚を使ったエクササイズ

▼子どもに見られる気になる行動

お店でふと目に入った物をいつもほしがり、駄々をこねる

▼気になる行動の原因は？

視覚情報がご褒美になる神経のルートが活発に使われていて、ほしい気にさせられている

買い物に出ると、必ずと言っていいほどふと目に入った物をほしがり、駄々をこねてしまう子どもたちがいます。親が「使わないでしょ」と言って聞かせても、一向に収まりません。親は、「なんて聞き分けが悪いんだろう」と呆れてしまうこともよくあります。

しかし結局、周りの目もあるし、最後は根負けして買ってしまうことも……。それなのに、せっかく買った物もほとんど遊ばずにほったらかしにすることが少なくありません。

このように、**見た瞬間に必ずしも必要とは思われない物をほしがったり、「あの子と同じのがほしい！」などと子どもが言うときには、子どもの脳は、ひとつの視覚情報だけに占拠された状態になっています。**

これは、私たち大人でも「衝動買い」という形で体験する脳の状態です。

物事を的確に選択するには、自分の脳内で複数の感覚を総合的に吟味する必要があります。

商品に実際に触れてその材質や重さを感じ、握った感触や触れたときの音を感じます。脳内でこれらの情報が視覚と合わさると、それを使っている場面が思い浮かび、自分の普段の動作を振り返って本当に使うのか、また使いやすいのか、などといった要素を吟味できます。

これが、じっくりと買い物をするときの脳内の動きなのですが、たとえばネットショッピングなどでは視覚以外の情報がないので、見た瞬間に、吟味することなくそのまま買ってしまうことがあるのです。

このような場合には、脳がその物を日常動作に取り入れる準備をしっかりしていないので、実際

に商品が届けられてから、脳内で「どう使うか」を組み立てなければなりません。

何度か使ってみたけれどしっくりこない、買っちゃったから仕方なく使っている、せっかく買ったのにまったく使っていない、といった事態が起きやすいのです。

子どもも同じです。

見た瞬間に「ほしい！」と思って買ってもらった物を、ほとんど使うことなく放置してしまうのは、脳にとってはまだ情報不足で準備不足の状態だったので、買ってはもらったものの、しっくりこなかった、ということなのです。

すべての場面で衝動的な「ほしい！」を抑える必要はありませんが、**脳内で情報を補って吟味する方法を知ることで、こうした衝動的な買い物を減らすことができます**（子どもに限らず、私たち大人も同様に）。

これは、子どもたちのその後の人生においても重要な意味を持ちます。

「脳内の情報を補って買い物のときに吟味できるようにすることが、その後の人生に影響を与えるほど重大なことだなんて、ちょっと大げさだな」と思った方もいるかもしれません。でもこれは、

その子の「頑張る能力」や「やる気を維持する能力」にも大いに関係するのです。

何かが「ほしい！」と思ったときにも、何かを「がんばろう！」と思ったときにも、どちらにも共通するのは、脳がやる気になっている、ということです。

いつでも、どんなことにでも、やる気をもって臨んでほしいというのが、親としての願いだと思います。一方で衝動買いのように、望ましくない方向にだけやる気になるのは、ちょっとイヤだな、と感じるでしょう。このふたつのやる気には、どんな違いがあるのでしょうか？

この脳のやる気、専門的には「**動機づけ**」と呼ばれる要素に関係する脳の部位は、「内側前頭前野《ないそくぜんとうぜんや》」という場所です。

実はこの内側前頭前野の働きは、**やる気にさせられた場合と、自らやる気になった場合では反応が大きく異なります**。

見た目の視覚情報だけで「ほしい！」と感じるのは、自らやる気になった場合、とは言えません。外から入ってきた情報で脳が「ほしい！」状態にさせられているだけなので、やる気に**させられた**状態です。専門的には「**外発的動機づけ**」と言います。

この場合、その行動が失敗すると、内側前頭前野の活動は急速に低下します。パタっとやる気がなくなってしまうのです。

ほしい物が手に入らなかったら、パタっとやる気がなくなってしまった……ということで、これは想像しやすいですね。

では、「宿題をやったら、これをあげるよ」と、子どもにご褒美を用意した場合はどうでしょうか？

これも、他人にやる気にさせられている「外発的動機づけ」の状態なので、ちょっと勉強につまずくと「わかんない。面倒くさい」とすぐに放り投げてしまいます。

こうした反応は、その子の性格や根気が問題なのではなく、他人にやる気にさせられた状態での「よくある脳の反応」なのです。

それに対して、自分で決めて行動しているときには、脳が自らやる気になっています。専門的には、こうした状態を「**内発的動機づけ**」と言います。

この場合には、失敗しても脳の活動が低下しません。脳はやる気を失わない、ということです。

つまり、**自分で決めて行動しているときは、脳にとっては、失敗してもそれが失敗にはなりません。**

第4章 【実践編】「聞き分けがよく、落ち着いた子」を育てるためのエクササイズ12

考えてみると、他人に行動を決められているときに失敗したら、「まずい……怒られる」と他人の反応を気にするものです。ところが、自分で決めて行動しているときには、失敗しても「しまった……、ここはこうしたほうがいいんだな」と、そこから学習している感じがあるでしょう。子どもたちも同じこと。

子育てでは「失敗を恐れずに思い切ってやろう！」と言う場面がよくありますが、子どもたちが失敗を恐れるのは、他人にやる気にさせられている場合であって、**自分が決めたことならば、失敗を恐れる反応すら起こりません**。失敗を「実験してわかったこと」くらいにしか感じないのです。

「友だちが持っているならほしい」「友だちがやっているから一緒に習い事を始めた」「テレビでそうするといい、と言っていた」「親や先生がそうしなさいと言うからやる」……こうした状況は、すべて外発的動機づけの状態ですから、脳は失敗を恐れます。

そうではなく、脳内の情報不足を上手に補うことで、自分で上手に判断できるようにしていくと、結果的に「聞き分けがない」と見える行動も変わりますし、「やる気」や「頑張り」を維持できるあきらめない姿勢も養うことができます。

次ページに紹介する「シェアトーク」は、視覚情報だけになっている状況に対して、聴覚をとおして働きかけ、上手に情報を補うことができるエクササイズです。ぜひ、参考にしてください。

簡単エクサイズ　やめさせたいときのシェアトーク

子どもの「ほしい！」という衝動が止められないとき、子どもは自分の行動をコントロールできない状態になっています。見た目からの視覚情報だけで子どもが衝動的に行動しているからです。こういうとき、その子の脳内世界では、その視覚情報に対して注意が過剰になっています。これは、第１章でも紹介した「ドーパミン」という神経伝達物質のしわざです。

たとえば、子どもがずっとゲームをしているのを見て、親が「いいかげんにゲームをやめなさい！」と声をかける。でも、子どもはゲームをやり続けます。このときの子どもの脳は、ドーパミンによってゲームに過剰に注意が向いているので、親の声はそれを妨げるただの騒音でしかありません。

そこで、アプローチを変えましょう。「面白そうじゃん」「どうやってやるの？」などと、子どもにゲームについてたずね、彼らが自分の体験を言語化する機会をつくってあげるのです。

すると、子どもの脳に変化が起こります。ゲームの話をしようとすると、必然的に話し相手である親の反応にも注意が向きます。これで、ドーパミンによる過剰注意が解けるのです。はっと我に返るような感じです。

このように他人に言語化する機会によって、注意が分散されると、依存は起こりません。さらに親が「へー、そうなんだ、面白いね」などと興味を示せば、親の表情や言葉への注意がもっと高まります。過剰注意がさらに弱まり、ゲームを切り上げることもできるようになります。

頭ごなしにやめさせようとするのではなく、なぜそれがほしいのか、なぜやりたいのか、どこが面白いのか、といったことを聞き出すシェアトークで、子どもの視覚情報への過剰注意を解き、上手にやめられるようにサポートしてみましょう。

⑤ 聴覚を使ったエクササイズ

▼子どもに見られる気になる行動

話を最後まで聞かずに、やり方を間違えてしまう

▼気になる行動の原因は？

覚えたことを脳内にストックしながら、別のことに取り組む「ワーキングメモリ」の機能を上手に使えていない

話を最後まで聞かずに早合点してしまう。テストでもケアレスミスが多いし、忘れ物も多い。そんな子は「おっちょこちょいな子」「落ち着きのない子」と思われることが多いようです。

これも、生理学的に見ると脳内に原因を見つけることができます。脳のなかで、覚えたことをいったんストックしておく「**ワーキングメモリ**」という記憶の機能を、上手に使えていないのです。

突然ですが、昔話の『どっこいだんご』というお話をご存じですか?

ある村に住む男が、お嫁さんの実家でだんごを食べてそのおいしさに感動し、さっそく家でもお嫁さんにつくってもらおうと「だんご、だんご」と言いながら家に帰ります。ところが、その途中で庄屋さんにぶつかって溝にはまってしまい、そこから抜け出す際に「どっこいしょ」と言ったはずみで、家に帰ってからお嫁さんに「どっこいしょ、こしらえて」と言ってしまう、というお話です。

このお話は、ワーキングメモリについてよく説明してくれています。

ワーキングメモリとは、**あることを覚えておきつつ、目の前にある別のことをして、また必要なときには先ほど覚えておいたことを思い出せる、という種類の記憶**のこと。あるいは、その機能のことです。そしてこのワーキングメモリは、私たちの日常生活を支えてくれている重要な記憶機能のひとつです。

たとえば、いちばんわかりやすいシチュエーションは「おつかい」でしょう。道中いろいろなことがあっても、頼まれた物を覚えていることを求められます。

同じように、この記憶を使わなければいけない場面は、日常にはたくさんあります。

人の話を最後まで聞かず、すぐに間違えてしまう子は、**たいていは「話を聞かない」のではなく、目の前のことに注意を引きつけられてしまい、頭のなかにストックすべき記憶を残し忘れてしまっています。**

これを解消するには、目の前のことが気になっても、それはそれとして人の話をきちんと最後まで聞いて、その内容をワーキングメモリとして脳内にいったんストックしていくことが求められます。そのうえで、話を聞き終わったあとにストックしておいた記憶を引っ張り出して、目の前のことを始める能力をトレーニングすればよいわけです。

この能力が苦手な子にとっては、「おつかい」はいきなり取り組むには少々難易度が高いです。なので、最初はもっと日常生活のなかの些細なことをとおして、脳のワーキングメモリという機能を上手に使えるよう少しずつトレーニングしていきましょう。

ちなみに、『どっこいだんご』のお話では、その後、お嫁さんが団子をつくってくれないので男が暴れ、そのせいでお嫁さんの頭にこぶができてしまいました。それでお嫁さんが「だんごみたいなこぶができた」と言ったら、男が「そうだ！　だんごだった！」と思い出します。

このように、一見忘れた状態になっていても、本当は忘れたわけではなく、その記憶は脳内に残っていてあるきっかけで思い出せる、ということもあります。

簡単エクササイズ

読み聞かせしながら落書きさせる

あなたは、長電話をしていたり、講義を聞いていたりする最中、手もとのメモ帳に落書きをしたことはありませんか？

これは脳が話に飽きて、注意力が下がってしまうのを防ぐために、もうひとつ別のことをして話に対する注意を持続させている、という脳の作戦です。

電話で話した内容をすべて覚えるのは大変でも、何か別のことをしながらときどき要点に気をつけて聞いていれば、大雑把には話の内容を記憶できます。そしてこのとき、脳ではワーキングメモリをフル活用しているのです。

そこで、これと同じ状況をつくるために、子どもにすでに読んだことがある本を読み聞かせながら、同時に落書きをさせてみましょう。

話に注意を向けているときは手が止まり、話を聞き流しているときは落書きを書き進めるはずです。それは放置したままで、読み終わったあとに「どんな話だった？」と聞いてみます。

子どもが本の内容の要点を説明できたら、ワーキングメモリがうまく使えたということ。あまり説明できなければうまく使えていないので、ときどき同じことを繰り返して、子どものワーキングメモリを鍛えてあげましょう。

簡単エクササイズ

宝物を忘れるなゲーム

簡単に言うと、このゲームは物を使ったかくれんぼです。

探す人は、目をつぶって10数えます。そのあいだに、隠す人は複数の物を家のなかに隠します。たとえば小さいボール、恐竜のフィギュア、おもちゃの剣、ミニカーなどです。

隠し終わったら、「○個あります。○○と、△△と、□□です」といった感じで、最初に何をいくつ隠したのか、一度に全部言葉で伝えます。紙に書いてはダメ、というルールにします。

このゲームでは、探す人はもちろん隠した人も、全部見つけ出すまで何がいくつ隠されているのか覚えておかなければなりません。そのため、ワーキングメモリが鍛えられるのです。

隠す物の数は3つくらいから始めて、5つくらいにまで増やしていくと楽しめるでしょう。

関連のない物の名前をいくつも覚えておくことは、大人でもなかなかエネルギーのいることです。お子さんの場合、成長に伴って覚えられる範囲が変化していくので、いくつ隠すかは遊びながら調節していくとよいでしょう。

簡単エクササイズ 一度に用事をふたつ以上頼む

「新聞をとってきたら、お父さんに届けてね」というのは、実際にはふたつの用事なのですが、用事と用事のあいだに関連性があるので忘れにくいです。

ところが、「冷蔵庫からジャムをとってきてくれる？　そのあと食パンをトースターに入れたら、朝ごはんの前に連絡帳をランドセルに入れておいてね」になると、途中で「あれ？　何を頼まれたんだっけ？」ということになる子もたくさん出てくるはずです。

そんなときは「いまから３つのことを頼むけど、できるかな？」とひとこと加えると、生活のなかで、ゲーム感覚でワーキングメモリを鍛えるエクササイズにすることができます。

これは気持ちに余裕があるとき、たとえば休日の朝などに取り組むのがお勧めです。

反対に要件をひとつずつしか言わないようにすることが大事な場合もあります。

ぐずぐず言ってなかなかやろうとしない、すぐに不機嫌になるという子の場合、実はワーキングメモリがうまく使えないために、日常的にふたつ以上の要件を伝えられると、混乱して脳が情報を処理できなくなってしまい、そのような振る舞いをしている可能性があります。

このような場合には、一度に複数のことを伝えずに、たとえば「宿題をやったらお風呂に入ってよ」という声かけを、「宿題やろう」「お風呂に入ろう」と、ひとつずつ区切って伝えることで、すんなりと子どもが行動できるようになることがあります。

そのうえで、休日などにワーキングメモリを少しずつ改善していけば、複数の用事を同時にこなせるようになっていきます。

簡単エクササイズ

ひとつの楽器の音だけを聞く

ワーキングメモリは、注意をコントロールすることで上達していきます。そこで、子どもがよく知っている音楽をかけて「何の楽器が出てきたでしょう？」と質問してみたり、「太鼓の音だけ、ピアノの音だけを聞いてみて」と、聴覚で注意をコントロールするエクササイズがあります。

アイマスクや目隠しをすると、より正確に音を聞き分けられます。これは、音楽に集中していても、目が開いていれば視覚が何かの画像を脳に取り込んでしまうので、それを遮断する試みです。

視覚を遮断すると、脳波が「アルファ波」という少しゆっくりな波になって、聴覚が敏感になるので、この働きを活用して耳を鍛えることができます。

ちなみに、目を閉じると聴覚が敏感になるのは、脳が睡眠に入っていくとき、最終的に周囲に敵がいないかを安全確認する「生命維持のための戦略」だと考えられています。

夜眠るときに、隣の部屋の音や近所の犬の声がやたらうるさく感じることがありますが、これは脳波がアルファ波になって、順調に睡眠に入っていっているサインでもあるのです。

第5章

【実践編】「運動が好きな、活動的な子」を育てるためのエクササイズ17

引き続きこの章では、「運動が好きな、活動的な子」を育てるためのエクササイズを紹介していきます。

①前庭感覚を使ったエクササイズ

▼子どもに見られる気になる行動
定規を使って線をまっすぐに引けない。テニスなどでバックハンドがまったくできない

▼気になる行動の原因は？
脳内で「体の中心」がつくれず、基準がないために「まっすぐ」な状態を脳内でイメージできていない

定規を使っているのにまっすぐに線が引けない。

テニスなどで、ラケットを持った手と反対側にきたボールをうまく打ち返せない。

このふたつは一見、何のかかわりもなさそうですが、実はひとりの子どもが同時に抱えていることが多い課題です。定規で線を引くことと、テニスなどのバックハンド、このふたつの行動にどんな共通点があるのかと言うと、**どちらにも体の中心を越える動きが含まれている**、ということです。

前庭感覚が、体をまっすぐに保つために大切な役割を果たしていることは、すでに何度もお話ししました。体の「まっすぐ」がわかるためには、自分の体の中心軸がわからなければなりません。

中心軸がわかってはじめて、中心軸に対する左右もわかるようになるのです。

定規で線をまっすぐに引くのが難しい子は、何かの動作をするときに、体の中心軸がうまく決まりません。定規を使って長い横線を引くには、定規を体の前で固定し、自分の体の左側から右側まで、中心を越えて手を動かす動作が必要です。このとき、姿勢をまっすぐに保って「中心」をつくらなければなりませんが、横線がまっすぐ引きにくい子は、線を引いているうちに、体が一緒に動いてしまいます。

同じように、ラケットで体の反対側にきたボールを打ち返すには、自分の中心軸を大きく越えて、ラケットを（右利きであれば）左から右に動かすことが必要です。

前庭感覚の閾値が高すぎて、脳内世界で体の中心がしっかりつくられていないと、ボールを打つときに腕の動きと一緒に体も斜めになってしまうため、たとえラケットにボールを当てることができても、ボールが変な方向に飛んでいってしまう、というわけです。

「右手はどっち？」と問われたときについ、左手を出してしまう子や、両手両足をリズミカルに使う行進が難しい子、なわ跳びでの走り跳びがなかなかうまくできない子なども、同じく体を動かすときに、脳内で中心がつくられていないことが苦手さの原因になっていると考えられます。

このような場合、**グラグラする体をできるだけまっすぐに保つことを求められる種類のスポーツや遊びをして前庭感覚を鍛えると、行動が自然に改善します。**アスレチック遊具や遊園地のアトラクション、水泳、自転車、スキー、クライミング、乗馬などです。親の立場からすると、「なんだかスポーツをやり始めた頃から、バランスがよくなった」と感じます。

もともと運動することに抵抗がない子なら、なんらかのスポーツをしてしまえば、それをきっかけに前庭感覚が鍛えられて、トップダウン型の成長をしていきます。条件や環境を整えれば、あとは子どもがひとりでにコツをつかむ、という方法です。

このトップダウン型の方法では、運動によって体の中心がつかめて、さまざまなことが急に上手になる子がいる一方で、親は「せっかくやらせたのにダメだった」、子どもは「無理やりやらされた感じで、ただ運動することがイヤだった」という経験しか残らない場合もあります。

そんな場合には、どんなことができれば運動が上手にできるようになるのか、必要となる要素を分解していって、ひとつずつ下から積み上げていくボトムアップ型の方法が功を奏します。

ここでは、そうしたボトムアップ型の方法として、親子でできる簡単な体操のエクササイズをいくつか紹介します。前庭感覚を鍛えることで、「すべての運動の基盤」をつくることを目指したエクサササイズです。どんなタイプのお子さんでも、日常のちょっとした時間でできますから、ぜひ挑戦してみてください。

ちなみに、当然ながらこれらのエクササイズは、もともと運動好きな子が取り組んでも有効ですし、トップダウン型の成長の邪魔になるようなこともまったくありません。「練習しているのになかなか上達しないな」と思ったときに、いったんベースとなる前庭感覚のエクササイズをして、体の中心を確認し、また練習をするというように、「**トップダウン↓ボトムアップ↓トップダウン**」という使い方をしてみましょう。

また、これらのエクササイズをしながらその子の体の使い方を観察したら、同じ視点で、普段運動している様子も観察してみましょう。脳内世界で体の中心がつくられると、運動が上手になり、本人も体を動かすのを楽しめるようになる、という前庭感覚と運動能力の関係がわかってくると思います。

簡単エクササイズ

登ってグルン

子どもと向かい合って立ち、両手をつなぎます。

子どもの両足をあなたのひざにかけさせて、お腹を駆け上がるように登らせ、グルンと一回転させて床に着地させます。

子どもの脳内では、はじめのうちは自分に何が起こったのかよくわからない感じですが、徐々に、両肩を結んだ棒が中心軸になって、コマのように体が回ったんだ、という感覚がつかめてきます。

うまくできない場合には、子どもがお腹を駆け上がるときに、体が反ってしまっているはずです。「体を丸めながら登ってみよう」とか、「ダンゴ虫になって登ってみよう」などと声をかけてあげると、きっとうまくできるでしょう。

そして、うまく回れたら「どんな感じだった？」と聞くようにすると、言語（聴覚）とセットでその感覚を脳内に保存できます。

簡単エクササイズ

背負ってグルン

今度は、あなたは少しひざを曲げて中腰になります。

お子さんは後ろに立って、あなたの背中に飛びつきます。

勢いよく飛びつかれても、子どもと一緒に倒れてしまわないように気をつけて、どっしりと構えておきましょう。

そして、子どもは飛びついたところから落ちないようにしがみついたまま、あなたのお腹側をとおって、スタート地点の背中まで横にぐるっと一周します。

大人は姿勢を保つだけで、子どもを手で支えないようにするのがルールです。

子どもは、しがみついて移動するので体の中心軸がどんどん変わり、前庭感覚が鍛えられます。さらに、しがみつくことで筋肉の固有感覚もふんだんに使うことができます。

簡単エクササイズ

ロケットジャンプ

　子どもと向かい合って手をつなぎ、床にお尻をつけずにしゃがみます。

「3・2・1・ゼロ！」とカウントダウンして、「発射〜！」の合図でお子さんはジャンプ。あなたは両手をつないだまま立ち上がって、子どものジャンプを助けます。

　お互いに息を合わせて、勢いよく「高い高い」をするような感じです。小さい年齢なら、脇の下を支えてあげてもよいでしょう。

　高く飛び上がると足を着く場所がなくなるので、体は中心軸を失います。

　それでも、脳は中心軸のないなかで体をなんとかまっすぐに保とうとするので、これは実は、難易度が結構高い体操です。

　飛び上がったときのお子さんの姿勢を観察してみましょう。体が縮こまっていたり、手足をばたばたさせたりしていたら、前庭感覚で中心軸をつくることができていないサインです。

　飛び上がる高さを低くして、スキーのジャンプのようにきれいな姿勢で飛んだり、両手両足を広げて飛ぶような姿勢がつくれたりしたら、徐々に高くしていくとうまくできます。

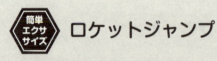

②固有感覚を使ったエクササイズ

▼子どもに見られる気になる行動

障害物が何もないところなのによく転ぶ

▼気になる行動の原因は？

実際の体の動きと、脳内世界でイメージしている体の動きにギャップがある

特につまずくような物がないのに道路で転ぶ。いつもどこかに擦り傷をつくってきたり、服を汚してきたりする……小さいときには「足が弱いのだろうか」と心配し、大きくなると「ドジだなぁ」と情けなく思うこともあるでしょう。

前にも少し述べたように、こうした気になる行動は、**脳内で体のイメージが詳細につくられてい**

ないことで、自分の体の実際の形や大きさ、動きなどと、脳内でイメージしている姿とにギャップが生じることによって起こります。

私たち親も、疲れていたり睡眠不足の状態だと、タンスの角に足をぶつけたり、包丁で指を切ってしまったりすることがあります。

これらは必ずしも不注意の問題だけではなく、体の動きについての情報を脳に伝える固有感覚が、きちんと機能していない状態になってしまったために起こる現象です。

筋肉は、体の動きを脳に伝えるセンサーなので、**筋肉を使う機会が減ると、脳内の体のイメージもあいまいなものになってしまいます。**そうしたあいまいなイメージのまま動けば、予想した動きの範囲から実際の足や指がはみ出して、角にぶつけたりケガをしてしまったりするのです。

次のようなエクササイズを通じて、さまざまな動きを子どもに体験させ、筋肉の固有感覚からの豊富な情報を脳に届けてあげましょう。そうすることによって、体が機敏に動き、動くことが楽しくなる活動的な子どもへと少しずつ変わっていきます。

簡単エクササイズ

動物歩き①「クマ歩き」

陸上選手などのアスリートが基礎トレーニングに使うエクササイズに、動物のまねをする「動物歩き」があります。

このエクササイズは、運動に必要なあらゆる筋肉の動きを体験することができるので、子どもの固有感覚を調整するのにも大いに役立ちます。

まずはクマのように歩いてみましょう。

地面にひざをつかずに、手のひらと足の裏だけをつけて四つん這いになり、手足をできるだけ大きく動かして歩きます。

この歩き方だと、体の重みがかかった状態で手足を大きく動かすので、支点と力点がわかりやすく、手足の動きが脳に伝わりやすくなります。また両手両足をすべて動かすので、そのつけ根である体幹も感じやすいと言えます。

簡単エクササイズ 動物歩き②「キリン歩き」

次はキリンになったつもりで、四つん這いで両手足をそろえて、ひじとひざをできるだけ伸ばしながら三角になって歩いてみましょう。

この歩き方では、手足の長さや、腰のあたりの高さを感じることができます。

簡単エクササイズ 動物歩き③「カエルジャンプ」

カエルのように、飛び跳ねながら歩く動きもまねしてみます。しゃがんだ状態から、両手を思いっきり振り上げて前にジャンプします。

腕の動きによって体が持ち上がり、大きな動きに伴って体がバネのように動くのを感じることができます。筋肉が単独で動いているのではなく、それぞれがつながっていて、ひとつのバネとして働いているイメージを脳内につくる助けとなります。

簡単エクササイズ

動物歩き④「ゴリラ歩き」

お相撲さんが四股《しこ》を踏むように両股を開き、腰を落とし、背筋を伸ばして両手をぶらぶら下げて歩きます。背中を丸めずに、オスのゴリラの威風堂々とした姿をイメージしましょう。

この動きでは、体幹を強く意識することができます。手をぶらぶらさせることで、手に余分な力を入れなくても、安定して動けるようになります。

簡単エクササイズ

動物歩き⑤「ペンギン歩き」

両手を体の横につけて、まっすぐに立って両つま先を上げたまま、ペンギンのように「かかと歩き」をしましょう。

机に座ったりゲームをしたりするなど、日常生活ではとかく体の前のほうの筋肉ばかりを使うため、体が前のめりになって猫背になりやすいものです。

人間は本来、立っているときには両かかとの内側に体重が乗る構造になっています。かかと歩きをすることで、自分の体重（重心）がどこにかかっているかを感じやすくなり、背中側の筋肉を使って歩くことをイメージできます。結果として、猫背が改善することも期待できます。

これらのエクササイズは、子どもと一緒に親もやってみましょう。普段は使われていない筋肉が動くことで、眠っていた筋肉の感覚が目覚めるのを体験できるはずです。

③ 触覚を使ったエクササイズ

▼子どもに見られる気になる行動

運動をやって見せても、言葉で教えても、なかなか上達しない

▼気になる行動の原因は？

視覚や聴覚（言語）、さらには固有感覚の情報だけでは情報不足で、体の上手な動かし方が脳内でイメージできていない

親が子どもに何かの運動の仕方を教えるとき、普通はまず「やって見せる」か、「やり方を口で説明する」かします。

しかし、そのどちらで教えてもらっても、なかなか上手に動けないこともあります。

困った親が文字どおりに「手取り・足取り」、後ろから子どもの手や足を持って動かしてあげても、動きがわからず、親も子もイライラしてしまいます。

これはつまり、**視覚、聴覚**（言語）、**固有感覚の3つの感覚では、まだその子の脳内世界で、いま教えられている運動をしている「自分の体」のイメージがつくれていない**、ということです。

こういうときには、**さらに触覚を使って情報を補う教え方**をすると、新しい動きを子どもがすんなりとマスターできることがあります。

病院でのリハビリテーションで、こんな場面がありました。

まだ言葉を発していないお子さんで、Tシャツの着替えがスムースにできない、ということが課題でした。

お母さんは、そのままかぶればいいようにTシャツを裏向きにしておいたり、頭にかぶる最初の動作を手伝ったりしていましたが、子どもはなかなかTシャツに腕をとおせるようになりません。

親がやって見せたり、言葉で説明したりといろいろなことを試したそうですが、上達しないので私に相談した、とのことでした。

そこで私は、左手をTシャツの袖口にとおすときに、子どもが自分の右手で袖口を持ち、左手を右手にこすらせるようにして腕を伸ばすよう、その子の手をとって何度か教えました。

すると、あっさりと自分ひとりで着ることができるようになりました。

これは、自分の手をたどりながら手を伸ばすようにすれば、手を伸ばす方向が触覚によってわかり、その結果、Tシャツの袖に上手に腕がとおった、ということです。

脳内で複雑な体の動きを完全にイメージできなくても、手の触覚という「ガイド」があれば、それに沿って動かすことができます。

このように、**触覚は体の動きを助けることができる**のです。

ちなみに私たち大人も、たとえば寝違えたりして腕がしびれたときには、手の先がどこにあるのかよくわからなくなります。そういうときには、反対の手で腕をたどりながら、自分の手先をさぐり当てようとします。

触覚は体の動きの基準点にできるので、この感覚を使って子どもたちに運動を教えれば、比較的簡単に、新しい体の動きを習得できます。そしてそうした動きを何度も繰り返していれば、しだいに触覚の情報がなくても、その動作ができるようになります。

そうなれば、子どもが運動に対して苦手意識を持たないようにもできますので、「運動が好きな、活動的な子」へと、子どもの行動を変えていく助けになります。

簡単エクササイズ 「打った感触」を再現する

たとえばサッカーやバレーボールなどの球技では、ボールの中心に手や足をしっかりヒットさせられれば、ほとんど痛みなく、少しの力で強烈なシュートやアタックを打つことができます。

これらの練習をしていて、子どもが偶然にそうした「ジャストミート」な体験をできたときには、それで終わりにしないで、手や足の感覚が残っているうちに、同じ感覚を再現させて「これだ！」と自分のものにさせましょう。

具体的には、ボールを止めた状態で、子どもの手や足をうまくできたときと同じようにヒットさせて、手や足のどこに当たったのかを細かく確認します。

そして、当たった位置がわかったら、そこを指で押したり、軽く叩いたりして、その位置の触覚に意識を向けさせます。

このエクササイズを何度も行えば、上手なシュートやアタックを、効率的に再現できるようになるでしょう。

簡単エクササイズ

体を触って「骨探し」

体の構造がわかると、動かし方もわかることがあります。

体の動きとは、関節の動きです。骨がどんなふうにつながっているのかがわかれば、より明確に、脳内で自分の体の動きをイメージできるようになります。

たとえば、箸の持ち方など緻密な動きを覚えさせようとするときには、上手に動く大人の手を子どもに見せても、なかなか覚えることはできません。

こうした場面では、見せるだけでなく、大人の指が動いているところの関節を実際に触らせて、どのように動いているのかを感じさせるようにします。また、子どもに大人の指を動かしてもらいましょう。すると「こういうふうに動いているのか」、「この関節は、こっちに動くのか」などと気づきます。

次に、子ども自身の指の関節を触らせて、自分で動かすようにさせると、自分の指がどっちの方向に動く構造になっているのか、より詳しく体感できます。

そうして関節が動く方向やそれぞれの力加減などがわかれば、動作もよりスムースに習得できるでしょう。

スポーツでも同様に、手や足の力がかかる場所や、足の裏の体重がかかる場所を実際に触って確かめさせたり、その動きを担う関節を触って、どんな動きをするのかを観察させたりしてください。

触ることで、もっと自分の体を知ることができ、子どもが、自分の体やその成長に、関心を持つきっかけにもなります。

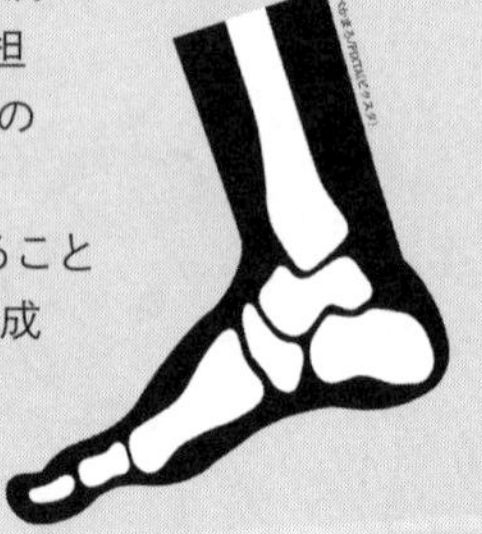

④視覚を使ったエクササイズ

▼子どもに見られる気になる行動
キャッチボールをすると、ボールから顔をそむけたり、全然違うところで構える

▼気になる行動の原因は？
上下の動きや奥行きをとらえる目の使い方が、うまくできていない

キャッチボールをすると、ボールを怖がって顔をそむけてしまったり、逆にボールに自分からぶつかってしまったりする子どもたちがいます。また、そもそもボールがくるときに、全然違うところで構えていたりします。

そんな子どもに、親が「ボールを怖がるな」と言っても、上手にボールをキャッチできるようにはなりません。

こういう場合、奥行きをとらえる目の使い方がうまくできていないので、ボールをどうキャッチするかを練習する前に、目の使い方をトレーニングすることが有効です。まず飛んでくるボールがよく見えるようになることが、成功への近道となります。

「奥行きを見る目の使い方」については第3章でも解説しましたが、いまひとつピンときていない方も多いかもしれません。

そもそも子どもの脳には、飛んでくるボールがどのように見えているのでしょう？

たとえば高いところから下を見たとき、周りの景色はぼやけてはっきりと見えず、地面だけがはっきり見えて、スーっと体が浮いて地面に吸い込まれてしまいそうな感覚に陥ったことがないでしょうか？　高いところが苦手な方ほど、よく経験する感覚だと思います。

このとき、いきなりいちばん下の地面を見ずに、手前の物から順に見ていくと、吸い込まれるような感覚は起こりません。こうすると、どの程度の奥行きがあるのかが、脳に伝わりやすいからです。

このスーっと体が浮いて、地面に吸い込まれてしまうような感覚は、**視覚の情報から奥行きを詳細に判断できなかった脳が、自動的に不足している情報を補おうとする結果、生じる**ものです。

同じように、子どもが飛んでくるボールから顔をそむけるとき、その子どもには、突然に何かが自分に向かって迫ってくる感じや、自転車などに乗っていて、急にスピードが速くなったときのような感じがしているはずです。奥行きをとらえる目の動きがスムースでないため、ボールまでの距離の情報をうまく入手できず、脳が足りない情報を補足しようとした結果、ボールに対して吸い込まれるような感覚を生じさせているのです。子どもにとっては、これは怖いでしょう。

この恐怖感を克服するのは、子どもにとってはとても難しいことですから、そもそも脳の情報不足が起きないように、目の使い方を練習したほうがずっと効率的です。

また**ボールが飛んでくるときに、全然別の場所でキャッチしようと構えてしまうのは、上下・左右の動きをとらえる目の動きがうまくできていないため**です。ボールの軌道を正確に目で追うことができていないのです。

結果、子どもの脳内世界では、ボールと自分の体との位置関係があいまいになるため、ボールが飛んでくるところにうまく手を置けない、というわけです。

これも目の動きを先に改善すれば、ボールの軌道を予測して構えることができるようになるので、以下に紹介するエクササイズを試してみてください。これによって、**いわゆる「動体視力」を改善できます**から、ボールスポーツの苦手意識が克服できます。

簡単エクササイズ

バウンドボールくぐり

奥行きの動きをとらえる練習をする前に、まずは上下の動きをとらえる練習から始めてみましょう。

テニスボールを床に強く打ちつけてバウンドさせ、そのボールにぶつからないようにしながら、子どもにその下をくぐらせる、というゲームです。

当然、ボールが上にあるタイミングでかがんで、ボールの下をくぐることが必要なのですが、ボールが落ちてくるときに下をくぐろうとして、ボールに当たってしまうことも多いでしょう。

これは、ボールの動きを目で追うことができていないので、脳内世界でのボールの位置と、自分の体の位置情報があいまいになっている結果です。この場合、バウンドしているボールを、頭を動かさずに目だけで追わせることから始めましょう。

そうして目で追うことができれば、次はくぐることもできるはずです。1回のバウンドでくぐれたら、連続して次のバウンドでも、ボールの下をくぐることに挑戦させます。親が高くバウンドさせて、何回くぐれるかを競っても面白いでしょう。

バウンドするボールをくぐると、体とボールとの位置関係が変わります。そのあいだは目でボールを追っていないので、ボールは脳内で視覚化されています。目で見たボールの情報をもとに、目を離したあとのボールの動きも、脳内世界でつくっているのです。

これができるようになると、ボールが飛んでくる方向を予測できるようになります。キャッチボールのときにも、全然違うところで構えることはなくなるでしょう。

簡単エクササイズ

タオルのキャッチボール

スポーツタオルを緩く結んで準備します。

子どもと向かい合って立って、まずはかなり近い距離から、ゆるやかな弧を描くようにお子さんに向かってタオルを投げ、キャッチさせてみましょう。

このエクササイズは、子どもの上下の目の動きを引き出すことで、遠近感を感じ取らせることが目的です。なので、タオルを投げるときにお子さんの目の動きに注目し、頭を動かさずにタオルを見ることができているか、しっかりとチェックしてください。

子どもが問題なくキャッチできていれば、少しずつ距離を離していきます。

目でタオルが追えなくなったり、キャッチのタイミングが合わなくなったりしたら、その手前の距離がお子さんのいまの時点での最高の距離です。その距離で確実にキャッチができるまで繰り返し、問題なくできるようになったら、また少しずつ距離を開けていきます。

簡単
エクササイズ

テーブル上でのボールキャッチ

机の上で動くものをキャッチすると、奥行きをとらえる目の動きを効率的に練習できます。

目線がテーブルの高さになるよう、テーブルの縁に子どもの顔をつけ、離れたところからその子どもの顔に向けてボールを転がし、それをキャッチさせる、というゲームです。

このエクササイズでは、ボールの軌跡を奥行きのみにすることができるので、普通のキャッチボールより難易度が低く、奥行きを見る目の動きだけを集中的に練習できます。

ボールのキャッチに慣れてきたら、次は道具でボールをキャッチさせてもいいですね。スーパーボールなどの小さめのボールと、プリンのカップなどのプラスチック容器を使って、ボールが近づいてきたらカップで捕まえさせるようにします。

手でボールをキャッチするときには、自然に手がボールを捕る形になるのでやりやすいのですが、道具を使ってボールをキャッチする場合には、ほとんど目の情報だけを頼りにタイミングを合わせなければならず、さらに効果的なトレーニングとなります。

おはじきやコインを空き箱でキャッチするなど、物を変えて試してみると、目からの奥行きの情報に合わせて、体を柔軟に動かす練習もできます。

簡単エクササイズ 一眼レフカメラのピント合わせ

もしご家庭にデジタル一眼レフカメラがあれば、お子さんと一緒にそのカメラを使って、目のピント合わせの疑似体験をしてみましょう。

カメラの撮影をとおしてピント合わせをしてみると、「手前」と「奥」の感覚がつかみやすいからです。

ピント合わせをしているときに、手前にピントを合わせたときには奥がぼやけて見えて、奥にピントを合わせたときには手前がぼやけて見えることに気づくことができます。

簡単エクササイズ　スーパースローキャッチボール

テレビで、アスリートの動作をスーパースローモーションでご覧になったことがあると思います。スローモーションで見ると、アスリートの体がどのように動いているのかが、非常にわかりやすいですよね？

これと同じように、ボールを投げた場合の軌跡がわかるように、親がボールを手に持ったまま、お子さんの手もとまでスローモーションで持っていってみましょう。

このとき、子どもにもスローモーションでキャッチの動作を再現させ、ボールがどのあたりまできたら構え始めているのか、観察します。

構えるタイミングが遅かったり、ボールがくる方向に体が向いていなかったりするときには、「こんな感じできたら、どうやって捕る？」などと声をかけながら、上記のスローモーションを何度か繰り返し、ボールをキャッチするまでの一連の動作をスローで習得させます。

⑤聴覚を使ったエクササイズ

▼子どもに見られる気になる行動

動作を見てまねしたり、一緒に体を動かしたりしてまねをすることができない

▼気になる行動の原因は？

見た目（視覚）や体の動き（固有感覚）より、言葉（聴覚）で理解したほうがわかりやすいタイプである

やって見せればわかるだろうと思っても、なかなか同じように動けない。かと言って、後ろから動作を誘導しても上手にならない。

248ページでも、似たような行動とその対処法を紹介しましたが、こんなときには、**言葉を使っ**

て理屈で動きを覚える方法でも、動作を上達させることができます。

動作に必要な要素である視覚や固有感覚をひとつずつ鍛えていく「ボトムアップ型のアプローチ」ではなく、理屈で理解して動いてみたら、視覚や固有感覚はあとから伴ってきた、という「トップダウン型のアプローチ」です。

特に、**読書や勉強が好きだけど、運動は苦手だ、というタイプの子にはこの方法が功を奏すことがよくあります。**

たとえば、サッカーやバスケットボールなどでボールをキープしようとするときに、相手にボールが見えたままキープして、すぐにとられてしまうとします。

ボールをとられないように、ボールと相手のあいだに自分の体を入れて、相手がボールに手や足を出せないようにしなければならないのですが、ほかの人がやっている様子を見ても、それがうまくできない……そんなときに、「ボールと相手のあいだに自分の体を入れてみて」と、口でとるべき行動を説明してみるのです。

すると、「ボールと……相手のあいだに……自分の体を入れるって、こんな感じ？」と、頭で理解することで、目当ての動作を再現できることがあります。

動作ができれば、相手がボールをとろうとしても、自分の体でブロックしてボールをとられにくくできるので、これでボールと自分の体の位置関係や、相手をブロックするときの体の力の入れ方がトップダウンで理解できます。

あるいは、自分で投げ上げたボールをキャッチするときに、ボールが落ちてくるまで待たずに手で迎えにいくと、ボールは手に当たってしまい跳ねてうまくキャッチできません。

そんな場合には、「上からボールが落ちてきたところで、下から手でボールを押すとボールはどうなる？」、「じゃあ、落ちてくるボールと一緒に手を下げながらつかんだら？」などと、クイズのように質問して、子ども自身に考えさせてみましょう。

子どもが頭で理解して動きを想像できれば、トップダウンでうまく体を動かすことができるようになる、というわけです。

ここでは、こうしたトップダウン型アプローチのエクササイズを、いくつか紹介します。

簡単エクササイズ

うまくできた動きに名前をつける

脳には、「動作についての辞書」のような働きがあります。

辞書が言葉を保存するように、脳は体の動作を保存して、その動作を呼び出して命令することで、イチから動作を組み立てずに済むようにしているのです。

この動作の辞書に、言語のタグをつけて保存すると、同じ動作をさらに呼び出しやすくすることが可能です。

たとえば、キャッチボールで子どもがうまくキャッチできたときに、「いまのはどんな感じだった？」と聞いて、「バシっとキャッチできた」と言ったら、このキャッチを「バシっとキャッチ」とそのまま名づけてしまいましょう。

そのうえで、「じゃあ、『バシっとキャッチ』をやってみて」と何度か練習すると、偶然うまくできた動作をより早く習得することができます。

ポイントは、お子さんが自分で名づけることです。

自分の体で感じたことに、自分の言葉でタグをつけなければ、脳内の動作の辞書にはきれいに保存されません。

他人の言葉では、いまいちわかりづらいぼんやりした状態のままで保存されてしまうのです。

子どもがうまく動作できたら、「いまの動きはどんな名前にする？」と聞きながら練習すると、体の動きがどんどん上達していきます。

簡単エクササイズ　ボールと的の距離を言葉にする

私たちがボールを投げたり蹴ったりするとき、まっすぐに飛ばないことがよくあります。そんなときは、ボールがそれたことは見えているのですが、「それた」ということに気づいているだけで、どちらの方向に、どのくらいそれたのか、という詳しい情報には気づいていません。

そこで、言語を使って脳内世界の情報を補ってみましょう。

ボールがそれたら「どっちに、どれくらいそれた？」と子どもに聞いて、言葉で説明させるのです。

たとえば「右に１メートルくらいそれた」と答えられたら、次は「さっきより１メートル左」と言わせてから、同じ動作を試してみると、ボールをコントロールできるようになります。

まだ長さの単位がわからなければ、「大きく」「少し」といった表現でも大丈夫です。

大切なのは、言葉にすることによって、自分の動作を脳内で具体的に再現し、次に動作をする前に、脳から体により的確な命令ができるようにしていくことです。

なお、右の「動作に名前をつけるエクササイズ」と同じように、これも自分の言葉で表現させなければなりません。

正解を答えさせることが目的なのではなく、お子さんの脳内世界のイメージを具体化することが目的だと思って、根気よく問いかけていきましょう。

第6章

【実践編】「集中力がある、かしこい子」を育てるためのエクサイズ14

次は「集中力がある、かしこい子」を育てるためのエクササイズを紹介します。

① 前庭感覚を使ったエクササイズ

▼子どもに見られる気になる行動
すぐに姿勢が崩れてしまう

▼気になる行動の原因は？
前庭感覚の閾値が高すぎて、自分の体が傾いていることに気づいていない

授業中や食事中、あるいは自宅での勉強中などに、いまにもイスからずり落ちそうな格好になっていたり、机についてしまいそうなほど体を傾けて、ほおづえを突いていたりする子がいます。

当然、親は気になりますから、「ちゃんと背筋を伸ばしなさい」などと言って姿勢をよくさせます。しかし、数分でまたもとどおりになってしまいます。

このように体が斜めになっているときには、脳の働きも低下しています。そのため、子どもは集中することができません。こうなると親としては、「うちの子はなんて集中力がないんだろう」と悩んでしまいます。

第3章でも述べたように、**こうした姿勢の悪さの背景には、たいていは前庭感覚のバランスの悪さがあり、その子ども自身が自分の体の傾きに気づいていません。**

私たちが立っているときやイスに座っているときに、姿勢をまっすぐに保つためには、わずかな体の傾きを感知して「傾いていない状態」に調節し続ける必要があります。前庭感覚の閾値が高すぎると、体の傾きや揺れを感知しにくいため、こうした微調節がうまくできないことが多いのです。

子どもが座っているとき、お尻を前にずらして足や背中で体を支えたり、ひじを背もたれにひっかけたり、ほおづえを突いたりするのは、彼らが体の傾きを感じられていないので、うまくもとのまっすぐな状態に戻せず、**ずり落ちないように無理やり固有感覚系の強い刺激を使って、姿勢を保っているということです。**

以下に紹介するようなエクササイズで前庭感覚の調整をして、彼らが体をまっすぐに保てるようにしていきましょう。

簡単エクササイズ

グラグラのあとに座って集中

子どもの前庭感覚の閾値が高すぎて、自分の体の傾きを感じにくいときには、強く体を揺らすことでしっかりと前庭感覚を刺激し、その刺激を感じ取る練習をすることで、閾値を下げて体の傾きを感じやすくできます。

第３章でお話ししたように、脳は白か黒か、「あり」か「なし」かで働くので、いったんその感覚が「あり」になれば、そのあとも「あり」であり続けます。

たとえば机に座って学習したいときなら、その前に10回くらいジャンプをしたり、「その場駆け足」をして体を揺らしたあとに机に座るようにさせます。これだけで、子どもは姿勢を保ちやすくなります。

机で学習してから、休憩に外で遊ぶ、というスケジュールならば、そのスケジュールをひっくり返して、先に外で体を動かしてから机に座るようにしましょう。こうすれば、体をまっすぐに保って学習できるようになるはずです。

簡単エクササイズ

絶対にすべらないイス

体の支点が固まれば、それだけ傾きを感じやすくなります。

そこで、イスの座面に滑り止めシートを敷いて、「絶対にすべらないイス」をつくってみましょう。

お尻がすべらずに支点が決まると、子どもがちょっと姿勢を崩しただけでも、体は大きく動いた感じがします。「自分の体は、いま、これだけ傾いているのだ」という感覚を体験しやすいのです。

しばらくこうした感覚を感じたあとに、イスのすべり止めを外して座ってみると、子どもが体の傾きを修正しやすく、正しい姿勢を維持しやすくなります。

簡単エクササイズ 「馬跳び＆トンネル」で閾値を下げる

これは、子どもに体の大きな傾きを経験させて、前庭感覚の閾値を調整するエクササイズです。

まず、大人が馬跳びの要領で体を丸め、子どもが飛びやすい高さの「馬」をつくります。

お子さんがその馬を飛び越したら、次はトンネルです。大人が両足を肩幅より大きめに開いて立ち、子どもにその股のあいだをくぐり抜けさせます。

子どもは、ジャンプで体を大きく揺らしたと思ったら、すぐに安定した四つん這いで前に進みます。これを繰り返すことで、体を揺らすこととまっすぐを保つことの切り替えをトレーニングできます。

結果として、前庭感覚の閾値を調整できますから、親子で遊ぶ時間に試してみて、食事や読書中の姿勢が崩れにくくなるかを観察してみましょう。

②固有感覚を使ったエクササイズ

▼子どもに見られる気になる行動

落ち着きなく足をバタバタ動かしたり、貧乏ゆすりをしたりする

▼気になる行動の原因は？

体にかかる力を感じられず、体の「中心」が定まらないので、体の末端に力が入ってしまっている

座って勉強をし始めると、すぐに足をバタバタさせたり、貧乏ゆすりを始めたり、鉛筆でコツコツ机を叩くなど、落ち着きのない様子を見せる子どもたちがいます。

このとき、前項で見たような体の傾きがなく、体の末端部分を落ち着きなく動かしたり、そこだけに力を入れたりしている様子（つま先立ちの形でぐっと力を入れたまま固定をしている様子など）が見えるようなら、前庭感覚ではなく、筋肉の固有感覚の閾値に注目してみましょう。

子どもの筋肉が、自分の体にかかる力をしっかり感じられていないということです。

私たちは、常に重力を受けているので体に重みがかかり、それに対抗する方向に力を入れて体を支えることで、自分の体の中心を定め、それによって手足が自由に、しなやかに動きます。

前述したように、こうした重力に対抗して体を支える筋肉は「抗重力筋」と呼ばれ、あご、お腹、ふくらはぎ、足の裏、もも、お尻、背中などに配置されています。

この抗重力筋が、しっかりと体にかかる重みを感じて、持続的に体を支えることが私たちの動作には必要なのです。

抗重力筋が重みを感じられず、重力に対抗する力をしっかり効かせられないと、体の中心が定まりません。中心が定まりませんから、そこからぶら下がっている手足も自由にしなやかには動かず、無駄に力が入ったりバタバタと落ち着きなく揺れ動いたりしてしまうのです。

また、**こういう子どもたちにはすぐに疲れてしまう傾向もあります。**

単に「疲れやすい子」「体力がない子」として済ませてしまいがちなのですが、これも、根本的には固有感覚に苦手さがあるためにそのようになっています。

筋肉には、赤い筋肉と白い筋肉の2種類があります。赤い筋肉はゆっくりと持続的に働く筋肉で、専門的には「**遅筋**《ちきん》」と呼ばれます。また、白い筋肉は速く瞬間的に働く筋肉で、同じく「**速筋**《そっきん》」と呼ばれます。

このうち、赤い筋肉（遅筋）の内部には「ミトコンドリア」という小器官が配置されていて、このミトコンドリアが酸素と反応して持続的にエネルギーをつくります。つまり、この**赤い筋肉を増やしていけば、より多くのエネルギーが生産されますので疲れにくく、体力がある子になる**というわけです。

そして**この赤い筋肉は、先ほど説明した抗重力筋を中心に配置されています。**固有感覚の閾値が高いと、抗重力筋がしっかりその機能を果たせないので、赤い筋肉がなかなか発達しません。当然、すぐに疲れやすく、体力もなくなる、という関係です。

固有感覚を調整するエクササイズに取り組むことで、これらの筋肉をしっかり使えるようになります。すべての作業の基本となる、子どもの「姿勢」を整えていきましょう。

簡単エクササイズ

タオルで綱引き

スポーツタオルを足の指で引き合うゲームです。親子でやっても、子ども同士で遊ばせてもいいでしょう。

まずはタオルを縦に広げます。そしてどちらも裸足になって、両端にひとりずつ立ちます。

片足をタオルの上に乗せたら「よーい、どん！」。足の指を曲げる力だけで、タオルにギャザーをつくる感じで引き寄せます。自分のほうにタオルを引き寄せられた側が勝ちです。

対戦にしなくても、ひとりで反対の端まで引き寄せられるよう、練習するだけでも大丈夫です。

私たちが足を踏ん張るには、足の裏にある足底筋という筋肉がしっかりと働くことが必要です。また、この筋肉がうまく使えていないと、走っているときにペタペタと音がしたり、上にジャンプするように動いて足で地面を踏みつけることができません。

このエクササイズでは、足底筋を鍛えることができます。

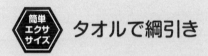

簡単エクササイズ

テーブル拭きのお手伝い

前述したように、子どもに家事を手伝わせることは、触覚を刺激するのに大いに役立ちます。そして同時に、家事のお手伝いは固有感覚の閾値調整にも効果的です。

リハビリテーションでも、特別なトレーニング器具を使ったエクササイズを行うよりも、家事の動作を活用して手足の動きを回復させることがよくあります。

たとえば、テーブル拭きを手伝ってもらうこともお勧めです。テーブル拭きでは、台ふきんをテーブルにしっかり押しつけて拭かなければ汚れはとれません。手足を落ち着きなくバタバタさせている子に手伝いをさせると、ただ台ふきんを動かしているだけで、テーブルの表面がなぞられただけ。汚れはとれていない、ということがよくあります。

台ふきんを押しつけたままテーブルを拭くには、まず手の動きによって体が左右に動かないように、しっかりと踏ん張って体の中心を固定しなければなりません。その動作をしながら、さらに体の末端の手をテーブルに押しつけたまま動かす、という複雑な動きが必要なので、体を上手に使うためのトレーニングができるのです。

同様に、お風呂洗いや布団の上げ下ろし、お米の袋のような重い物を運ぶ手伝いなど、生活のなかでどんどん家事を手伝ってもらい、うまく体を使えるようにしてあげましょう。

③ 触覚を使ったエクササイズ

▼子どもに見られる気になる行動

些細なことでもイライラしやすい、すぐにソワソワして集中できない

▼気になる行動の原因は？

触覚のなかの圧覚をしっかり感じられていないので、体の置き場所が定まらない

第3章で、「触覚は機嫌や気持ちなどのメンタル面にも影響を与える」というお話をしました。常にイライラしている、ソワソワして落ち着かないという場合には、**その子の脳内では、触覚のなかの圧覚が感じられていないことで、文字どおり「体の置き場所」に困っている場合があります。**

私たちは、自分の体の「表面」を常に感じています。

空気の圧力によって体が押されていて、その力を、圧迫を感じる感覚である「圧覚」で感じることで、どこからどこまでが自分の体だという境界をはっきり認識できます。

ところが、この境界線がしっかり感じられないと、体の置き場所が定まりません。これは、私たち大人も、体がだるかったり、体がうずく、落ち着かない、などといった形で体験します。

反対に、圧覚が感じやすくなる場面もあります。お風呂にゆっくり浸かったり、プールに入ったりすると気分が落ち着く、と感じたことはありませんか？　水圧は空気の圧力より強い力なので、その力で自分の境界を押してもらうと、圧覚が圧迫を感じやすくなります。

体を圧迫して圧覚をしっかり刺激すると、自分の体の表面を脳内でしっかりイメージできるようになります。脳内に届けられる情報が明確になれば、脳は現在の状況がわかりやすくなり、ソワソワやイライラがなくなるのです。

そしていったんこの感覚を「あり」にすることができれば、子どもはその後、集中して落ち着いた状態を維持できるようになります。

日常でこの圧覚を利用する方法をいくつか紹介しますので、自分の生活に取り入れやすいものから、ぜひ試してみてください。

簡単エクササイズ

子どもと一緒にお風呂に入る

「なんだ、そんなことか」と思われるかもしれませんが、お子さんがイライラしやすいときには、シャワー浴で済ませたり、ゆっくりお風呂に浸かる時間をとれていないことが多いです。

入浴は、水圧によって気分を安定させることができる手軽な習慣です。体を清潔にするだけではない、入浴の恩恵をしっかり受け取るようにしましょう。

また、入浴は温度を感知する温度覚も刺激します。第３章でお話ししたように、温度覚も私たちのメンタルに大きな影響力を与えています。

このように、入浴は圧覚と温度覚の両方をフルに刺激してくれるので、落ち着いて集中できる脳をつくる助けになるのです。

簡単エクササイズ

コンプレッションタイツを履く

最近は、ここで説明した圧覚の仕組みを活用したスポーツウェアも多数登場してきています。軽く体を圧迫することで、自分の体の動きを脳内世界でイメージしやすくなるため、より正確に体を動かすことができる、というものです。

こうした商品のうち、子ども用のアンダーウェアなどを着てみて、しっくりくる感じがあれば、圧覚でうまく体の境界を感じられています。そうした商品を、普段使いするといいでしょう。

簡単エクササイズ 敷布団をかけて寝転んでみる

気持ちが落ち着かなくなると、子どもが親にベタベタ触りたがったり、足や体の隙間に手を入れたりしてくることがあります。これは無意識に自分の圧覚を刺激しようとしているのです。しかし、親の側にとっては触られる受動刺激なので、このような触られ方はとても気持ちが悪いもの……。そこで、別の方法で子どもの圧覚を刺激してあげましょう。

もっともやりやすいのは、布団を天日干ししたあとなどに、子どもに寝転んでもらい、敷布団を乗せてみることです。子どもは狭いところに潜りたがることがありますが、明確に圧覚を使おうと意識しているわけではないので、体を丸めたり、手足をバタバタさせたりしてしまいます。子どもの体全体に均等に力がかかるように、掛け布団より重たい敷布団を使って、圧覚を刺激してみましょう。まっすぐ「気をつけ」をするように寝かせて、敷布団が肩までかかるようにゆっくり乗せます。苦しくなるほど重くしたり、ほかの子が上に乗ったりしないように注意してください。「どんな感じ？」と聞いてみて、本人に気分が落ち着くかどうかを感じ取ってもらいましょう。

日常的には、中途半端に親の体に触っているようなら、ギューっとハグをしてあげたり、読み聞かせをしているときに、体を包み込むようにして少し強めに抱っこしてあげることでも、圧覚を刺激することができます。小学校中学年以上ならば、座って前屈のストレッチをしている背中にかぶさるように乗っかって、少しずつ体重をかけてあげるのもよいです。

④視覚を使ったエクササイズ

▼子どもに見られる気になる行動

周りの物に目がいってしまい、気が散りやすい

▼気になる行動の原因は？

スポットライトのように注意の対象が移り変わる「転導注意」が使われすぎている

勉強しようと机に座ったけれど、周りにあった物に目を奪われて、別のことを始めてしまう……。物を取りに行ったのに、途中で別の物を見つけてしまって、それで遊び始めてしまう……。

そんな子どもの様子を見ると、不注意だとか集中力がないのかと思ってしまいますね。

しかし、これも生理学的に分析をすると、きちんと理由が見つかります。**これらの行動は、視覚**

に関連した「**注意の抑制機能**」がうまく使えていないことから起こっています。

目の機能を使って脳が集中するとき、次の4つの種類・段階の「注意」があります。

1　選択注意　→　たくさんの物のなかからひとつの物を見つける
2　持続注意　→　見つけた物に注意を向け続ける。これが、一般に言われる「集中力」です
3　同時注意　→　ひとつの物に注意を向けつつ、もうひとつの別の物にも注意を向ける
4　転導注意　→　スポットライトを消したり当てたりするように、たくさんの物に注意を移し替える

私たちが普段、「集中力」という言葉を使うときには、このうち2の「持続注意」を指しています。

これには、**脳の抑制機能が必要**です。

「抑制機能」とは、神経の活動を抑制する働きのこと。

たとえば、目の前に座った人が飲み物をテーブルの上に置いても、それはその人の物なので、私たちは手を出さずにいられます。

このとき、脳のなかでは「飲み物だ!」と反応して手を出そうとする神経が働くと同時に、「これはほかの人の物だ」と、手を出そうとする神経の活動を抑え込む神経が働いて、「飲み物に気づいたけれど手を出さない」という行動を成し遂げています。

この抑制機能の発達が、イコール「脳の発達」だと言うこともできます。

赤ちゃんの頃には、私たちは見た物すべてに手を出しますが、脳が発達していくと、いま必要な物なのか、自分が手を触れてもよいものなのかを判断して、手を出す神経の活動を抑え込むことができるようになります。

また、この抑制機能の働きは、脳の前のほうに位置している「前頭葉」によって成されているのですが、交通事故などで前頭葉を損傷すると、抑制機能が働かなくなり、目にした物に何でも手を出してしまう「脱抑制」という症状が起こることもあります。**普段は脳の抑制機能によって、自分の行動を制御している**のだ、ということがここからもわかります。

ということで、子どもの脳の発達を助けるには、この抑制機能を鍛えることが大切です。

これは、「ガマン強くなる」といった概念的な話ではなく、もっと基本的な能力です。**目に入ったさまざまな物に注意をそらさず、脳の抑制機能によって注意を目の前の対象に向け続ける。**これこそが、集中力の正体であり、「集中力のある子」をつくるうえでも必須の能力だからです。

そのためのエクササイズをいくつか紹介します。

簡単エクササイズ

「それ」しかしない場所をつくる

まずは抑制機能を使うまでもなく、自然に集中できる環境をつくることから始めましょう。

脳は、一度見てしまったら、その事実をなかったことにはできません。

たとえば、テレビを何となくつけているのをやめられない人がいたとします。この人は、帰宅してテーブルの上にリモコンが置いてあったら、意識することなくリモコンを手にしてテレビをつけてしまうのです。

リモコンが目に入った時点で、リモコンを手にとる神経活動と、それを抑制する神経活動がせめぎ合い、普段から使われているリモコンを手にとる神経活動が競り勝ちます。しかし、そもそもそんなせめぎ合いにエネルギーを使うのはもったいないことです。というのも、抑制機能を働かせるにはたくさんのエネルギーを必要とするから。本当に抑制機能が必要な場面がくるまで、エネルギーをとっておけるように、ムダな場面では抑制機能を働かせなくてもいいようにしましょう。

具体的には、「それ」しかしない場所をつくることです。たとえばひとつの机を「勉強しかしない場所」と決めたら、勉強道具以外の物を机の上に置かない。もし途中で飲み物を飲みたくなったら、必ず別の場所で飲み、机には常に勉強道具以外は何も持ち込まずに座るようにします。

もちろん、スマホやゲームも同じ。したくなったら別の場所で行い、その机では行わないようにしましょう。

こうすることで、脳はその机に座ったときに、余計な視覚情報に煩わされないようになるので、余分な抑制機能を使うことが省かれ、すんなり集中することができます。余計なエネルギーも使いませんから、より長い集中もできるようになります。

簡単エクササイズ

使った物をもとの位置に戻すようにする

これは、誰もがそうすべきだと思っているのに、なかなか実行できないことです。

しかし、物が決まった場所に整理されておらず、パッと目に入ってくると、脳はどうしてもその物に注意を向けようとしてしまいます。そのたびに抑制機能を働かせないといけないので、余計なエネルギーを使ってしまいます。

決して「整理整頓をすると気持ちがいい」という倫理的な話ではなく、子どもの脳に余計な物を見せないために、必ず決まった場所に戻すようにしましょう、ということです。

また、たとえばゲーム機をすぐ目につくところに置いておけば、それがまだ抑制機能が発達し切っていない子どもの目に入ったときに、そこに注意が向いてゲームをし始めてしまうのは止められません。これは意思の力とか性格の問題などではなく、単純な脳の働きによるものです。

そこで、ゲームは遊び終わったら、定位置の充電器に戻すようにさせましょう。

ただこれだけの話ですが、これができていると、充電器のところにゲームをとりにいくときに、脳は「これから、自分はゲームをしようとしているんだ」と気づきます。そして、自分でこれに気づいていれば、適度に切り上げることもしやすくなるのです。

スマホやゲームなどなかなかやめられない物ほど定位置を決め、使ったらもとの位置に戻す。子どもだけに取り組ませるのではなく、親自身も一緒にやってみましょう。

これを習慣にすると、脳を上手にコントロールできるようになります。

簡単エクササイズ

デジタルデトックス

最近は「ノーメディアデー」に取り組んでいる学校も多いようです。

脳も内臓のひとつです。仮に脳を胃に置き換えてみると、常にテレビやゲームを見ている状態は、食べ物をずっと食べ続けている胃と同じです。

なんとなく「脳は、使うほど能力が上がる」という認識を持っている人が多いのですが、これも胃に置き換えれば、「胃は、食べれば食べるほど能力が上がる」となります。そんなわけはありませんよね？

消化する時間があってこそ栄養素を摂り込めるのであって、ただ詰め込むだけでは胃の調子が悪くなってしまいます。

脳にとっては、何かを見ているときは情報を食べている時間。

一方で、ぼんやりしているときは、第２章の「周辺視」のところでお話ししたデフォルトモードネットワークが優位になって、情報を消化している時間となります。

脳にも情報を消化する（処理する）時間を与えることを、「デジタルデトックス（情報断食）」と呼びます。

子どもも大人も、ときどきは情報をデトックスして、すっきりした脳を取り戻すようにしましょう。

なお、デジタルデトックスのコツは、場所か時間で生活を区切ることです。

前述したように、スマホやゲームを持ち込まないデトックス部屋をつくって場所を区切る。

または、休日の午前中だけはテレビをつけない、スマホを定位置に置いて手にとらない……という感じで、時間を区切って試してみると、その時間は結構長く感じられ、やりたかったことがスイスイ片づくはずです。

⑤聴覚を使ったエクササイズ

▼子どもに見られる気になる行動
話しかけたとき、聞き返しが多い

▼気になる行動の原因は？
必要がない音にも注意が奪われていて、脳の抑制機能が働いていない

話しかけたときに、「えっ」「何？」と頻繁に聞き返す子もいます。

親は「難聴なのか？」とか、「集中して人の話を聞けないのだろうか？」などと、心配になることもあるかもしれません。

私たちの脳は、耳に入ってくるすべての音を感覚でとらえていますが、脳内世界では、これらの音のすべてを情報として採用しているわけではありません。

たとえば、音楽やアナウンスが流れているスーパーで、お母さんが話していることを子どもが聞く場面があるとします。このときには、脳は先ほど説明した抑制機能を使って、脳内世界では会話に必要のない音を消しています。

音楽を本格的に録音するときに使う「ミキシングマシン」という機械では、ギターのボリュームを大きくしたり、ドラムの音を小さくしたり、という具合に、その場その場で特定の音がしっかり聞こえるように、各音を選別してボリュームの調整をすることができます。私たちの脳も、ちょうどその機械のように働いているのです。

ところが、この抑制機能がうまく働いていないと、たとえば目の前に座って話しかけている人がいるのに、その会話の音よりもエアコンなどの音に注意が向いてしまって、結果として話を聞いていない、というような現象が起こります。決して相手の話を聞いていなかったわけではなく、正確には、別の音のボリュームを上げて、間違った調整をしてしまったというわけです。

音を選別するには「耳をすます」ことが必要です。子どもが頻繁に聞き返すときには、いきなりたくさんの音のなかから聞くべき音を聞き分けようとしても難しいので、まずは必要な音だけを切り離して、集中しやすい状況をつくることから始めましょう。

簡単エクササイズ

テレビをやめてラジオを聞く

とても簡単に取り組めるのは、子どもが普段触れているメディアを変えることです。

テレビをつけっぱなしにして耳だけで聞いている場合も多いですが、テレビは映像（視覚）ありきの音声（聴覚）なので、耳からの情報だけで正確に理解するのには向いていません。

そこで、聴覚のみを使うラジオにしてみましょう。

試しに、ラジオの音声でスポーツ中継や天気予報を聞いてみてください。

しっかり集中していないと聞き取ることができませんし、自分の地域の天気予報になったら耳をすます、という感じで、必要に応じて聴覚を使いこなすことができます。また、話に順序があるので、この次にはきっとこの話がくるだろう、などと予測して、そこに注意の焦点を合わせる練習もできます。

簡単エクササイズ

まねっこリズム

何気ない場面で、親が言ったことを聞き取って、それを子どもが正確にまねするゲームをしてみましょう。

たとえば、晩ご飯に焼き鳥を買ってきたとして、それをお皿に並べて、「左から、もも、砂肝、鶏皮、ぼんじり、ネギ間、つくねだよ。はい、まねしてみて？」などと声がけします。

同じように、「今日の買い物は、大根、にんじん、牛肉……」とか、「今日の飲み物は、牛乳と麦茶とカルピスと……」という感じで、日常のちょっとした場面で、親の言ったことを順番どおりに覚えて復唱することに、ゲーム感覚で楽しみながら取り組んでみましょう。

こんな些細な会話の場面でも、特定の音に耳をすます練習ができます。

復唱できなかったことを指摘するのではなく、意外と正確に聞き取るのは難しい、という認識を共有することが大切です。「聞き取り」を、誰でも苦もなくできるものではなく、普段から練習すれば上手になるものなのだ、と位置づけられると、お互いに能動的に会話に集中することができます。

あるいは、手を叩いてリズムを打ち、そのリズムをまねさせてみたり、太鼓でリズムを覚える練習なども、聴覚を鍛えることに役立ちます。

簡単エクサイズ 「音がしない」を聞く

街の喧騒やテレビの音、家電の稼働音など、私たちはとにかく常に何かの音にさらされています。このような環境に長く置かれていると、しだいに聴覚の閾値が高くなり、音に対して鈍感になっていきます。

音に鈍感になると、しっかり聞き取るためにはより大きく、高い音が必要になります。テレビで使われている音声なども、20 年前に比べてずいぶん大声で高音になったと思いませんか？

音の感覚をもとに戻すために、「音がしない」という時間をあえてつくってみましょう。テレビを消して、家電の音も可能な限り消して、「音がしない」を聞く体験をするのです。

１分ほどすると、自分が少し動いた音や風の音、お腹が鳴るなど体のなかから発生してくる音、あるいは、ずーんと音のないなかでの音のようなものも聞こえてきます。

登山やキャンプなどで、人工音の少ない大自然のなかに身を置く経験をするのもいいと思います。

このように聴覚刺激を少なくすれば、聴覚の閾値が下がり、聴覚が敏感になります。いまの時代、わざわざつくらないと「音がしない」を聞くことができません。ぜひ「音がしない」を聞く時間をつくってみてください。何か発見があるはずです。

第7章

【実践編】「思いやりがある、やさしい子」を育てるためのエクササイズ13

13

「思いやりの心」をつくるには「リッチな感覚」が必要

最後に、「思いやりがある、やさしい子」をつくるためのエクササイズを紹介していきます。

思いやりの心が出てくるのは3～4歳から

そもそも私たち人間に、「思いやりの心」はどのように生まれるのでしょうか?

赤ちゃんのときは、お腹が空いたとか、お尻がムズムズするとか、抱っこしてほしいといった理由で泣き、自分自身の欲求を満たそうと親に訴えます。

自分で歩けるようになってからも、しばらくは自分のほしい物を手に入れようとして、それが手に入らないと泣き叫びます。

しかし、3～4歳くらいになると、お友だちにおもちゃを譲ったり、年下の子の頭をなでたり、親や兄弟にお菓子を分配したりすることができるようになります。

それは、**自分の感じ方がわかり、さらに自分とは違う相手の感じ方も、自分に置き換えて想像できるようになった**ということです。

自分を理解できなければ他人も理解できない

このように思いやりの心が生まれるには、**生理学的な基礎として「豊富な感覚刺激」が必要**です（ちなみに、私たちが専門にしているリハビリテーションの分野では、同じ意味で「**リッチな感覚**」という言葉がよく使われます）。

さまざまな刺激を、それぞれの感覚を通じて豊かに感じることによって、脳内世界で現実世界を理解するための材料が増えます。そうすれば、自然に自分の体の動きを理解し、目をこらし、耳をすますこともできるようになります。

それができてくると、同時に他人を理解することもできるようになるのです。

さまざまな刺激を各感覚に与えるエクササイズを日々の生活のなかに取り込んでいくことで、子どもの思いやりの心を育み、やさしい子へと成長させていきましょう。

① 前庭感覚を使ったエクササイズ

▼子どもに見られる気になる行動

みんなと一緒に行動できない、共同作業ができない

▼気になる行動の原因は？

ほかの人と同じ動きができないので、同じ行動から生まれる共感が得られにくい

電車に乗っているときに、「この先、揺れますのでご注意ください」といったアナウンスのあと、本当に大きく揺れてみんな一斉に体が傾くと、それまではまったく意識していなかった周囲の人たちを、不意に「人」として意識する、という経験はありませんか？

大げさに言うと「同じ人間である」という一体感のようなものすら感じることがあります。

これは、脳内の**ミラーニューロン**によって生じる現象です。

脳には、相手の動きを見ただけで、脳内世界であたかも自分が同じように動いたかのように再現する、という働きがあります。これらの働きを担当する神経群は、相手の動きが脳内で鏡に映したようにそっくり再現されることから、「ミラーニューロン」と呼ばれています。

このミラーニューロンは、相手に共感する、というコミュニケーション上の重要な役割も担っていると考えられています。相手の動きを脳内世界で自分に置き換えて再現することで、その相手を感覚的に理解しているのです。

たとえば、打ち合わせで相手から名刺を片手で差し出されれば、あなたも片手で受け取るでしょうし、両手でていねいに差し出されれば、あなたも姿勢を正して両手で受け取るでしょう。**いわゆる「空気を読む」働き**なのですが、これは脳のミラーニューロンによって、相手の動作が脳内で再現され、それに反応して自分も同じ動作をした、という神経レベルの現象なのです。

ここから、**相手が自分とは全然違う動きをしていると、その相手に共感しにくい**、という反応も出てきます。前庭感覚の閾値が高く、みんながびしっとよい姿勢をしているときに体が傾いてしまう子や、反対に閾値が低くて、みんながちょっと動いただけでも怖がったりする子は、集団のなかでは「違う動きをしている人」として認識されます。すると、脳内の働きとして、どうしても共感されにくいのです。

これが、共同作業ができない原因になっていることもあります。

まずは親子や数人で同じ動きをするエクササイズをとおして、ミラーニューロンの働きを鍛え、周囲に共感されやすい、自分も相手に共感しやすい子どもの脳を育てていきましょう。

簡単エクササイズ シーツでスマートボール

いらなくなったシーツや大きな段ボールに、穴をいくつか空けて、穴を空けたところに点数を書きます。そして、ちょうどその穴に入るくらいの大きさのボールを用意します。

４人でできるのであればシーツの四隅を、ふたりならば両側を持ってシーツをピンと張ります。ピンと張るのがまだ難しければ、大きな段ボールを使ってみましょう。

立ち位置を決めたら、両足をぴったりくっつけて立ち、そこを動いてはいけません。シーツの上にボールを落とし、２人で協力して、手を動かさずに体を傾けながら穴にボールを入れていきましょう。一定の時間内に、何点とれるかを競うゲームにするとおおいに楽しめます。

意図的に体を傾けること、しかもほかの人と動きを合わせて体を傾けるという共同作業をすると、相手の動きを自分の脳内で再現するミラーニューロンの働きを鍛えることができます。

このゲームは、日常の些細な場面にも応用できます。たとえば一緒に布団をたたんだり、レジャーシートをたたんだり、洗濯物干しや海苔巻きづくりなど、家事をなんでも子どもとの共同作業にしてしまえばよいのです。このとき、親が子どもの横に並ぶことによって、共同作業をするとき、子どもが脳内世界で相手の映像を反転しなくてもよくなるので、さらに脳内での再現がされやすくなります。最初は横並びで挑戦し、慣れてきたら対面の形で取り組んでいくとよいと思います。

自分ひとりでできることでも、子どもに「ちょっと手を貸して～」と声をかけて、意図的に共同作業をする機会を増やしていきましょう。子どもの思いやりの心がさらに育まれ、親密な雰囲気が生まれやすくなりますし、ほかの子どもとの共同作業もよりスムースに実践できるようになります。

② 固有感覚を使ったエクササイズ

▼子どもに見られる気になる行動
他人の物をよく壊してしまう

▼気になる行動の原因は？
自分の筋肉がどの程度動いたのか把握できていないので、力の加減がわからない

大事な物を乱暴に扱う。人の物をよく壊す。借りてきた本を乱暴にめくってページを破いてしまう。「そーっとだよ」「大事な物だからね」と何度言ってもすぐ壊す。我が子がそういう行動をしてしまう場合には、子どもがほかの人の物を触っているとき、親は気が気ではありません。

この子の脳内世界では、**そもそも親が言う「そーっと」が、どういう動きなのかがわかっていま**

せん。

「そーっと」とか「大事に」という言葉は概念です。私たちは「当然、相手もわかるはずだ」と思って使っていますが、動きそのものをまったく知らない人には伝わりにくいのです。

筋肉が動きの情報を脳に伝えるので、どのくらい筋肉に力を入れたらどのくらいの力が出るのかがわからないと、力加減ができません。

体の動きを2種類に分けて、この力加減をトレーニングしてあげましょう。

ひとつは、**オープンな動き**です。たとえば壁をバンバン叩いているような動きで、動きの支点は肩のあたりにあり、力点はフリーです。オープンな動きでは、どこにどれだけ力が伝わったのかがわかりにくい、という特徴があります。

もうひとつは、**クローズな動き**です。たとえば壁に手をつけたまま、グッと壁を押すような動きです。支点も力点も位置が固定されているので、自分が入れた力と、それに対する反発や抵抗を感じやすい、という特徴があります。

このふたつでは、**クローズな動きのほうが易しく、オープンな動きのほうは難易度が上がります。**

壁を手で押すことは誰にでもできますが、バットでボールを打つのは、上手い人もいれば下手な人もいますよね？

まずはクローズな動きで力加減を練習し、しだいにオープンな動きでも挑戦していきましょう。

簡単エクササイズ

ぶら下がりブランコ

腕を振り回して叩く動きは、オープンな動きで、力を加減しにくい動作です。力加減ができていないがために、お友だちや親を思った以上に強く叩いてしまったり、物をつかもうと腕を動かした際に、物に手を強く当てすぎて落として壊してしまったりします。

そこで、同じ動きをクローズな動きに変えて、力加減のトレーニングをしましょう。

親がお子さんの両手を持って体を持ち上げ、子どもに自分の力でブラブラしてもらうのです。子どもが大きい場合には、鉄棒などにぶら下がってもらえばいいでしょう。

肩を中心に腕を振り回すのではなく、腕側が固定された状態で体側を振り回す。

こうすることで、自分が使った力とその結果を、筋肉の固有感覚で感じやすくなります。

簡単
エクササイズ

即席サンドバッグ

続いて、オープンな動きを練習します。

オープンな動きでは、力を使ったときに、その力が物体に伝わった感覚が直接感じられたほうがわかりやすいです。

たとえば、おもちゃのバットで物を叩いたりしていると、手に伝わる振動だけでは実際どんな力がかかっているのかは、なかなかわかりません。そこで、手でパンチをさせてみます。

新聞紙を丸めて、スーパーのレジ袋に詰めて口を閉めます。両端に輪ゴムをつけて、それぞれの輪ゴムを長く連結させましょう。

そして、親の足の親指に片方の輪ゴムをとりつけ、もう一方を手で高く持ち上げて伸ばせば、「即席サンドバッグ」の完成です。

子どもがパンチをすると、サンドバッグが跳ね返ってくるので、自分の手に当たった感触の強さと、サンドバッグの動きをセットで脳に伝えることができます。これによって、力加減を体得しやすくするのです。

サンドバッグに悪者の顔などを描くと、さらに盛り上がります。

意外と、親のほうが楽しんでしまうかもしれませんよ。

簡単エクササイズ

思いきりぶつけてみよう！

下敷きのようなプラスチックの板を壁や段ボールに張りつけて、それをめがけて水分が多めの小麦粉粘土や、柔らかい粘土を投げる単純な的当てゲームです。

粘土を投げると、当たった粘土はベチャっとつぶれて的に貼りつきます。力が強いほど粘土はぺちゃんこになるので、自分がどのくらい力を出したかが理解しやすく、力加減の練習になります。

簡単エクササイズ

バケツ玉入れ

力加減の調整を上手に行うためのエクササイズです。

お手玉数個と、お手玉が入るくらいのバケツを用意します。バケツがなければ、紐などで輪をつくって床に置くだけでもかまいません。またお手玉がなければ、新聞紙を丸めただけのボールでもかまいません。

上記の「思いきりぶつけてみよう！」とは違って、バケツ玉入れでは投げる力を加減しないと、うまくボールがバケツに入りませんから、力加減のトレーニングになるのです。

ふたり組になって、ひとりはバケツを手に持ってキャッチする、という上級編にも挑戦してみましょう。投げる人は、相手がキャッチしやすいように方向や向きを調節し、キャッチする人も、ボールが跳ね返らないようにバケツを持つ手の力加減を調節しなければうまく入りませんから、ちょっと難しいですが、お互いに協力もできて一石二鳥です。

③ 触覚を使ったエクササイズ

▼子どもに見られる気になる行動

すぐにお友だちを叩いてしまう

▼気になる行動の原因は？

触覚の閾値が低く、少し触られただけの刺激でも強く感じるので、それを避けようとしている

何度言っても、子どもがすぐにお友だちに手を出してしまうことがあります。これは、親にとっては非常に悩ましいことです。

そんな子は、小さい頃にお友だちと手をつなぐのを嫌がったり、ベタベタするものに触ることを

簡単エクササイズ

風船を割らないように運ぶ

親子で向かい合って、お互いの片方の手だけを使って風船を挟み、落とさないように一定の距離を運んでみましょう。

風船の圧迫を自分の力で行うアクティブタッチなので、不快に感じにくく、またお互いに協力してバランスをとらなければならないので、力の調整も必要になります。

うまくできたら、手を使わずにお腹同士、お尻同士などでもやってみましょう。

避けたりする傾向があります。**触覚の閾値が低く、ちょっと触られるだけでも強い刺激になるので、びっくりしてしまったり、気持ち悪く感じていたりする**のです。

このように、触られることを怖く感じると、**近くに寄ってきた人に対して、防衛反応として「叩く」という行動が出てきてしまうことがあります。**

このような場合は、自分から触るアクティブタッチをトレーニングすることで、触覚の閾値を高めてあげることができます。

簡単エクササイズ

隙間に手を挟んで圧迫

触覚の閾値が低いときには、ちょっと肌に物が触れるだけでも、また少し振動するような刺激だけでも、不快に感じてしまうことがあります。

それに対して、圧迫される圧覚については、それほど不快に感じないことが多いです。わき腹をそっと触られるとくすぐったくて不快な感じがしますが、ガシっとしっかりつかんで圧迫されるような場合は、不思議とそれほど不快には感じないと思います。

私たち大人でも、体の一部では触覚の閾値が低い敏感な状態になっています。それが全身で起こっているのが、触覚の閾値の低い子の脳内世界なのだと想像してみましょう。

こうした低すぎる触覚の閾値を調整するために、「自分から圧迫される」体験を子どもにさせてみましょう。

たとえばソファのクッションとクッションの隙間に手を挿し込ませたり、正座をして折り曲げたひざのところに手を入れさせて、圧迫を感じさせ、その感じを言葉にして説明してもらいましょう。これを繰り返すことで、少しずつ触覚の閾値が調整されることが期待できます。

また、小さいお子さんが着替えのときなどに逃げ回ってしまう場合は、最初に子どもをギュっと抱きしめ、しっかりと圧迫してあげると、その後、触られることをそれほどイヤがらなくなりますので、試してみてください。

簡単エクササイズ

背中に書いた文字を当てる

子どもの触覚の閾値が高まってくれば、触れられることへの抵抗感も減ってきます。また、ゲームにしてあげると触れられることが予測できるので、さらに不快感を少なくすることができます。

たとえば、子どもの背中に指で簡単な文字を書いて、何を書いたかを当てるクイズなどです。

はじめは○×△などの記号で練習し、次はカタカナ、平仮名、漢字……と難易度を上げていきましょう。

クイズの答えも聞きますが、正解できるかどうかにはこだわらず、むしろ「触られてどんな感じ？」などと、子どもの感想を聞き出すことを意識してください。

「別にくすぐったくなかった」「気持ち悪くなかった」など、触覚に対して抱いていた不快感が変わったことに、子どもが自ら気づける機会をつくってあげましょう。

④ 視覚を使ったエクササイズ

▼子どもに見られる気になる行動
友だちの悪いクセばかりをすぐにまねる

▼気になる行動の原因は？
自分独自の行動をとるためのメンタライジングの働きが未熟なため、ミラーニューロンの働きによって、悪い行動をまねしてしまっている

子どもが急に家で乱暴な言葉を使ったり、粗暴なしぐさをしたりすると、親はつい「あの友だちの影響を受けちゃったんだ……」などと考えます。結果、「あの子とはもう遊ばないで」などと、子どもの交友関係を制限しようとしてしまったりするのですが、その前に脳の仕組みを知っておき

ましょう。

先ほど、脳は目で見た他人の動作を、ミラーニューロンの働きによって脳内で再現する、とお話ししました。友だちの悪いクセをまねしてしまうのも、この働きによるものです。

こうした行動には、**ミラーニューロンの働きを打ち消す働きをする、別の脳の機能「メンタライジング」を鍛えることが有効**です。

仮に脳にミラーニューロンしかなければ、全員の動作やしぐさが似てきてしまいます。しかし、実際にはそうはならないのは、脳にもうひとつの反対の働き、メンタライジングがあるからです。

メンタライジングとは、**自分と他人を区別して、その場の状況や自分の立場との関係を解釈し、それによってミラーニューロンを抑制する働き**のこと。私たちの脳では、「あえて相手のしぐさをまねしないようにした」とき、これらの機能を担う部位が活発になります。そして同時に、ミラーニューロンの働きに関係する部位は抑制されて、働きが低下する、というわけです。

メンタライジングは、集団のなかでも自分独自の行動を選択するための働きです。あえて人のまねをしない、まねをしそうなところを抑制して、別の行動をとるための脳の機能なので、この能力をトレーニングしてあげれば、単純に友だちの悪いクセをまねするのではなく、自分なりの行動をとる力を育ててゆけます。

簡単
エクササイズ

回転お絵描き

お絵描きをとおして、「違った見方をする」練習をしてみましょう。

たとえば、子どもがお絵描きで車の絵を描いたら、「この車を下から見たらどうなっているの？」などと聞いて、下から見た場合の車を描かせてみましょう。難しそうなら、親が見本を描いて見せたり、ミニカーをひっくり返して実際に下から見ながら模写させたりすると、取り組みやすいでしょう。

下からができたら、左右、上下、前後それぞれから見た場合や、斜めから見た場合などにも発展させていきます。

実物を見たほうが描きやすいのですが、想像上で（＝脳内世界で）絵を回転させる「メンタルローテーション」も使ってみます。

これができるようになると、相手の動きをそのまま判断せず、離れた視点から客観的に見たり、他人の立場から見たりと、多角的にイメージできるようになります。

簡単エクササイズ いつもの動作の左右を変える

脳は動作を自動化して保存するので、知らないうちに「クセ」ができ上がっていきます。

これは無意識なので、この無意識でつくられた動作をあえて崩してみることで、自分なりに動作を企画する能力を鍛えることができます。

簡単なのは、歯磨きをする手を変えることです。みなさんも実際にいつもと反対の手で歯磨きをしてみると、新しい動きをしている感じがすると思います。同じ経験を子どもにもさせてあげると、脳に目新しい刺激を与えることができます。

ほかにも、日常の動作の左右を変えて体験してみましょう。

こうしたエクササイズを通じて「自分で動作をつくり直せる」という感覚がつかめれば、相手と自分を区別して、自分の行動を決めるメンタライジングの基盤をつくる助けにもなります。

⑤ 聴覚を使ったエクササイズ

▼子どもに見られる気になる行動

注意や指摘をすると、「ボクのせいじゃない」などと言い逃れする

▼気になる行動の原因は？

新しく覚えた言葉に対して自分の経験が足りていないので、言葉での言い訳などが優先してしまっている

子どもが成長し、言葉が話せるようになっていくと、うれしいのと同時に、言い訳やごまかしに困らされるようにもなってきます。

語彙が増えれば言い訳やごまかしも巧妙になってきますが、その子の脳内世界では、現実から感覚を通じて受け取る情報とのギャップが大きくなりがちです。そして、そうした状況が続くと、自分で選択して、自分で行動することが苦手になってしまうこともあります。

私たちが行う患者さんのリハビリテーションで、たとえば動かなくなった手足を再び動かせるようにするときには、「経験的言語」をよく使います。

言語はコミュニケーションのツールであるのと同時に、脳から動作の記憶を検索し、引っ張り出してくるときの「アクセスコード」の役割もしていることを前にお話しました。こうしたアクセスコードとして特に役立つのが、経験的言語なのです。

ちなみに、リハビリテーションでは、言語を次の3種類に分けて考えます。

①主観的言語……「うぜえ」「むかつく」「やばい」というように、感じたままを言葉にしたもの
②客観的言語……いわゆる報告・連絡・相談で、事実のみを述べるもの
③経験的言語……自分の体に起こった変化を言葉にするもの

リハビリテーションの場面では、③の経験的言語を次のように使います。

たとえば、患者さんが右足を引きずって歩いているとしましょう。右足が上がらないので、つまずきやすく、転びそうで危ない状態です。

この患者さんに「もっと足を高く上げて」と②の客観的言語で声をかけても、足を上げることはなかなかできません。

しかし、「いま歩こうとしたとき、どんな感じでしたか?」と感覚を聞いてみると、「ごつごつした岩場を歩いているみたいです」と言ったとします。そこで、「では、頭のなかでごつごつした岩場を歩くつもりで、足を動かして歩いてみてください」と、③の経験的言語で指示をして歩いてもらうと、その前よりも右足が高く上がり、スムースに歩けるようになる、という感じです。

このように、経験的言語は、脳内で保存された動作の記憶を呼び出す優れたアクセスコードになっています。

この働きを逆に利用して、**普段から「○○みたい」という言葉をつけた経験的言語でさまざまな動作を脳に保存していくと、脳は、次にそのような動作が必要になったときに、その動作を脳から素早く引き出すことができます**。つまり、うまく行動できるようになります。

そうすれば、動作に失敗することも少なくなるので、そもそも言い訳する必要が減りますし、自分で自分の行動を選択することも上手になるので、子どもがごまかしや言い訳に逃げる必要も少なくなっていくでしょう。

簡単エクササイズ 親が自分を主語にして話す

まずは、私たち親が経験的言語を使ってみましょう。

やり方は簡単です。相手に何かを言うときに、自分を主語にするだけです。

「うるさい！」というのではなく、「私は、大きい声を出されると頭が痛くなるんだ」などと言うのです。

相手に何かを依頼するときに、自分を主語にして話すと、その人の体で起こったことがそのまま言語化されている経験的言語になるので、相手が脳内世界で自分のこととして置き換えやすくなります。

そのため相手も、びっくりするほどあっさりと、あなたの話を受け入れてくれるでしょう。

お互いの脳内世界のギャップを、経験的言語で埋めることが、コミュニケーションのカギなのです。

簡単エクササイズ 「○○する」と言い切る

脳が動作を検索するには、アクセスコードとなる言葉は具体的な動作を表現した言語か、何かに例えられている言語である必要があります。

そこで、もしあなたが、子どもに対して「ちゃんとやらなきゃ」とか「しっかりしなさい」という言葉を多く使っているなら、それを言い換えるようにしてみましょう。

「ちゃんと」「しっかり」と言われても、自分の脳も相手の脳も、どんな動作を体に命令すればよいのか具体的にわかりません。

わからなければ命令できないので、たとえ、できていないと怒られたとしても、次もまたできないままです。

脳が動作を検索して、体に命令しやすくさせてあげるには、「○○する」と言い切る言葉を使うことが有効です。

本人が「宿題やんなきゃな……」とつぶやいただけでは、脳は「確かにやんなきゃいけないけど、やるの？ やらないの？」と、次にどんな動作や行動を体に命令すればいいのか、いまいちわかりません。

一方、子ども本人に「これから宿題をやる」などと試しに次の行動を口に出させてみると、あっさりと体が動いて実際の行動に移れるでしょう。

次にする行動を具体的に表現している言語なので、脳が素直に、かつスピーディに反応したのです。

ちなみにこれは、大人でも子どもでも同じですから、みなさんもなかなか行動に移れないときには試してみることをお勧めします。

「○○する」と言い切るクセを普段から身につけさせておくと、自然に、自分で自分の行動を選択するようになります。

簡単エクササイズ 「○○みたい」という例えを使う

スキーを始めてまだ日の浅い初心者が、偶然うまく滑れたときにそれを再現したいと思っても、なかなか再現できません。

脳は、自分の体に起こったはじめての感覚がよくわからないので、そのままにしておくと、せっかくうまくできたのに再現することができなくなってしまいます。

そんなときには、「○○みたい」と例える言葉を、すぐに口にするようにしましょう。「自転車で坂から降りているみたいだった」などと、経験的言語を使って、脳に「動作のタグづけ」をするのです。すると、脳はその「よく似た動作」の情報を使って、いま初体験した動作を再現しようとします。

うまく再現できれば、今度はそれは「自転車」ではなく、「スキー」の動作として脳内に新たに保存できるのです。

新しいことにチャレンジしたり、進級や進学、部活動などで新しい環境に飛び込むときには、「○○みたい」「○○のときと同じ」と、意識的に経験的言語を使うことを心がけておくと、より効率的に、新しい動作や行動を身につけることができます。

過去の似た状況で使った動作が命令できれば、脳のなかではそれほど大きなチャレンジではなくなるので、緊張を和らげることにもつながります。

新しいことを始めるときには、努めて経験的言語を使うようにしましょう。

〈主要参考文献〉

Kitamura S, et al : “Intrinsic circadian period of sighted patients with circadian rhythm sleep disorder, free-running type.” Biol Psychiatry 73;63-69, 2013.

Dunn W : “The impact of sensory processing abilities on the daily lives of young children and their families: A conceptual model.” Infants and Young Children 9(4);23-35, 1997.

越野英哉 他：「脳内ネットワークの競合と協調　―デフォルトモードネットワークとワーキングメモリネットワークの相互作用―」Japanese Psychological Review 56(3);376-391, 2013.

Santiesteban I, et al : “Training social cognition: from imitation to theory of mind.” Cognition 122;228-235, 2012.

古川哲雄：「筋感覚」神経内科 48:287-293, 1998.

Schultz W, et al : “A neural substrate of prediction and reward.” Science 275;1593-1599, 1997.

岩村吉晃：「アクティブタッチ」Clinical Neuroscience 27(4);395-397, 2009.

種村留美：「失行・失認のリハビリテーションの流れ」高次脳機能研究 23(3);200-205, 2003.

Schaefer M, et al : “Rough primes and rough conversations: evidence for a modality-specific basis to mental metaphors.” Soc Cogn Affect Neurosci 9(11);1653-1659, 2014.

Leigh RJ,& Zee DS : “The neurology of eye movements. 3ed ed.” New York, Oxford: Oxford University Press, 1999.

Carlo Perfetti（小池美納 他・訳）：『身体と精神―ロマンティック・サイエンスとしての認知神経リハビリテーション』協同医書出版社 , 2012.

A Jean Ayres（佐藤剛・訳）：『子どもの発達と感覚統合』協同医書出版社 , 1982.

A Romanovich Luria（鹿島晴雄・訳）：『神経心理学の基礎　第２版』創造出版 , 1978.

〈著者略歴〉

菅原 洋平（すがわら・ようへい）

◎── 作業療法士。ユークロニア株式会社代表。
◎── 国際医療福祉大学卒。国立病院機構にて脳のリハビリテーションに従事したのち、現在はベスリクリニックで薬に頼らない睡眠外来を担当する。
◎── そのかたわら、生体リズムや脳の仕組みを活用した企業研修を全国で行っており、その活動はテレビや雑誌などでも注目を集める。
◎── ベストセラーとなった『あなたの人生を変える睡眠の法則』（自由国民社、2012 年）や『すぐやる！　行動力を高める科学的な方法』（文響社、2016 年）を筆頭に、多くの著書がある。

菅原 未涼（すがわら・みすず）

◎── 作業療法士。
◎── 国際医療福祉大学卒。民間のリハビリテーションセンターで、子どものリハビリテーションに従事。その後、より生活の場に近いデイサービスや特別支援教育の現場などに活動の範囲を広げ、子どもが家や学校でいきいきと生活できるよう、基礎医学に基づいてサポートする。
◎── 脳をよりよく育てる遊び方を追求し、特に、親が家で実践できる具体的な方法を提案してきた。本書では、誰でも簡単にできる脳の育て方を解説する。
◎── 二児の母。

脳に任せる かしこい子育て

2018年 5月22日 第1刷発行

著　者――菅原 洋平、菅原 未涼
発行者――徳留 慶太郎
発行所――株式会社すばる舎
〒170-0013 東京都豊島区東池袋3-9-7 東池袋織本ビル
TEL 03-3981-8651（代表） 03-3981-0767（営業部）
振替 00140-7-116563
URL http://www.subarusya.jp/

企画協力――貝瀬 裕一（MXエンジニアリング）
装　丁――小口 翔平＋上坊 菜々子（tobufune）
イラスト――中野 サトミ（個別にクレジットしてあるものを除く）
印　刷――中央精版印刷株式会社

落丁・乱丁本はお取り替えいたします

ISBN978-4-7991-0657-0